JN054769

日本史サイエンス

蒙古襲来、秀吉の大返し、戦艦大和の謎に迫る

播田安弘　著

ブルーバックス

カバー装幀　芦澤泰偉・児崎雅淑
カバー画像　『蒙古襲来絵詞』（三の丸尚蔵館蔵）、豊臣秀吉像（高台寺蔵）、明智光秀像（本徳寺蔵）、戦艦「大和」（米国海軍）
本文デザイン　齋藤ひさの
本文図版　さくら工芸社、松本京久

BLUE BACKS

はじめに

2017年、世界最古の巨大建築物とされる「クフ王のピラミッド」の内部構造を、宇宙から降りそそぐ素粒子ミューオンによって画像観測したというニュースが世界を驚かせました。観測に成功したのはエジプト、日本、フランス、カナダによる国際共同計画「スキャンピラミッド」の日本チームでした。ミューオンによる観測は、素粒子の軌跡を1μm（マイクロメートル）以下という圧倒的な解像度で立体的に記録できるので、「宇宙線を用いたレントゲン写真」ともいえるほどなのだそうです。これによって、4500年以上ともいわれるピラミッドの歴史が書き換えられる新発見がなされるかもしれないと、大きな注目を集めています。日本チームは、次にはホンジュラスにあるマヤ文明の「コパン遺跡」もミューオンで調査したいそうです。

かつて想像もできなかった技術の進歩が、いまや考古学や歴史学の分野にもおよんでいます。そもそも、考古学は遺跡や遺物などを調べる物証中心の分野、歴史学は古い文献や古文書などを読み解く文系的な分野とされてきましたが、そのような境界は取り払われつつあります。今後はそれぞれから得られたデータや推論を、気象学、物理学、統計学などの知見を生かしてシミュレーションし、3次元に可視化もして検証することで、従来の歴史が大きく書き換えられる可能性が高まっていくと思われます。

　歴史を動かすのは人です。そして人も物質である以上は、物理法則にしたがっています。とはいえアインシュタインの相対性理論や量子力学までもちだす必要はなく、人が動く物理であればニュートンの運動方程式で十分です。これに逆らうことは、どんな人にもできません。

　ところが、従来の歴史学では、ニュートンの運動方程式に明らかに反しているにもかかわらず、「結論」あるいは「通説」としてまかり通っているものが少なからずあるようです。

　筆者がそのことに気づいたのは、蒙古襲来についていろいろな本を読んで自分なりに研究していたときでした。筆者は長年、造船会社で船の設計にかかわる仕事をしてきました。だから船の物理については熟知しているつもりなのですが、蒙古軍が大船団を組織して最初に日本を襲った文永の役で「謎」とされていることについての論考が、筆者から見ると「ちょっと待った」と言いたくなるものばかりだったのです。これでは謎はますます深まるばかりに思われました。

　そこで、自分で検証してみようと思いたちました。当時のデータをできるかぎり集め、気象や物理にしたがって分析し、シミュレーションも試みて、一つ一つ、「通説」とされていることの真偽を確かめたうえで、謎解きをしてみたのです。結果として、従来いわれてきたものとはかなり様相が異なる文永の役の姿が浮かび上がってきました。

　そこで、ほかにも筆者が気になっていた歴史上の「謎」について検証してみたところ、やはり

「通説」をそのまま信じるわけにはいかない結果となったものがありました。人の勧めもあり、それらを一冊にまとめて世に問うことにしたのが本書です。

とりあげるのは、次の3つの謎です。

（1）文永の役で蒙古軍はなぜ一夜で撤退したのか
（2）羽柴秀吉の「中国大返し」はなぜ成功したのか
（3）戦艦大和は本当に「無用の長物」だったのか

いずれも、読者のみなさんにもなじみのある話題だと思います。多くの方が一度は考えたことがある疑問かもしれません。もう少し説明すると、

（1）は、2度あった蒙古襲来の1度目の文永の役で、古来の作法どおり名乗りをあげて一騎打ちを挑んだ日本の武士たちは、集団戦術と新兵器を用いる蒙古軍にさんざんに打ち負かされて退却を重ね、九州は陥落寸前に陥ったとされていますが、にもかかわらず、蒙古軍が突然、上陸地の船に撤退したのはなぜか、という謎です。その夜、蒙古軍は暴風雨に襲われて全軍がほぼ壊滅したことから、「神風が吹いた」ともいわれています。

（2）は、京都の本能寺で明智光秀が織田信長を自害に追い込んだとき、遠く中国地方に陣を敷いていた羽柴秀吉が、変について知るやいなや、2万の兵を率いて約220㎞の行程をわずかな日数で踏破して京都に引き返したとされる、いわゆる「秀吉の中国大返し」についての謎です。

秀吉のあまりの速さに光秀はなすすべなく敗れたわけですが、そのスピードは常識を超えるほどのものだったのか、だとすればなぜそのような行軍が可能だったのかを検証してみました。

（3）は、太平洋戦争における日本軍の切り札として建造された戦艦大和は、世界最大の46㎝主砲を搭載した最強兵器だったにもかかわらず、主要な戦闘にほとんど参加することなく、後方で無為な時間を過ごしつづけたのはなぜか、という謎です。結局は、終戦近くになって沖縄特攻作戦に出撃し、米軍の集中砲火を浴びてあえなく沈没した大和には、「時代遅れの大艦巨砲主義」の産物といったレッテルが貼られていますが、本当にそうだったのでしょうか。

さきほども言いましたが、筆者は船の設計者であり、歴史の研究家ではありません。したがって、歴史研究の本道とされている文献や古文書を読んだり、取り扱ったりすることについてはまったくの素人です。本書の検証でも、文献のみを根拠とした推論はできるかぎり避けています。言い換えれば、それでもここまでできることを示せればとも思った次第です。

歴史にくわしい方からみれば反論したくなることばかりかと思いますが、これらの謎について議論を深めるきっかけとなれば幸いです。

目次 ◆ 日本史サイエンス

第2章 秀吉の大返しはなぜ成功したのか

第3章 戦艦大和は無用の長物だったのか

第1章

蒙古軍はなぜ一夜で撤退したのか

歴史を変えた「ジャイアント・キリング」

弱者が強者を制する、いわゆる「番狂わせ」は古今東西の歴史でたびたび起こっています。その最も古い例ともいわれているのが、『旧約聖書』の「サムエル記」に記されているダビデとゴライアスの戦いです。

イスラエル人とペリシテ人が交戦中のときのこと、戦線が膠着状態となったため、ペリシテ人は両軍を代表する戦士の一騎討ちで勝敗を決することを提案しました。ペリシテ人代表の戦士はゴライアスという、身長なんと6キュビト半（約2・9メートル）、鎧《よろい》を全身に纏《まと》い、大剣と大槍を持つ巨漢でした。それを見たイスラエル兵はみな恐れをなし、一騎討ちを挑もうとする者は誰もいませんでした。ところが、たまたまイスラエル軍に食料を届けにきていた羊飼いの少年ダビデが勇気をもって名乗り出て、戦いを挑んだのです（図1－1）。

小さなダビデは鎧もつけず、羊使いの杖ひとつを手にゴライアスに近づいていきました。ゴライアスがつい油断したそのとき、ダビデは隠し持っていた、遠心力で石を飛ばして獣を撃退する投石器の紐をすばやく回し、ゴライアスの鎧に覆われていない顔面に投擲《とうてき》して、みごとに命中させます。額に石を受けたゴライアスがその場に倒れると、ダビデはゴライアスの剣を奪って、その首を打ち落としたのです。動揺したペリシテ軍は敗走し、イスラエルは大勝利をおさめました。祖国の危機を救ったダビデは、やがてイスラエル王となりました。

この故事はのちに「ジャイアント・キリング」と呼ばれ、弱者が強者を倒したときの比喩として用いられるようになりました。

「ジャイアント・キリング」の例は歴史上、枚挙にいとまがありません。アレキサンダー大王が2倍以上の兵のペルシャ軍に勝利したイッソスの戦い、カルタゴのハンニバル将軍が象によるア

図1-1　ゴライアスに立ち向かうダビデ
「ジャイアント・キリング」のはじまりとされる戦い

ルプス越えでローマに勝利した奇襲、織田信長が10倍以上の大軍を擁する今川義元軍を討ち取った桶狭間の戦い、ネルソン提督率いるイギリス艦隊がフランスとスペインの連合艦隊に大勝しナポレオンの侵攻を阻止したトラファルガーの海戦、アジアの新興国家日本が大国ロシアのバルチック艦隊を殲滅した日本海海戦、強大国家となった日本の連合艦隊を米国の弱小空母部隊が撃破したミッドウェー海戦、そしてベトナム戦争での米国の撤退などで、いずれも歴史の大きな転換点となりました。

蒙古軍はなぜ撤退したのか？

これからこの章で述べようとしている元寇、いわゆる「蒙古襲来」も、それらに匹敵する大番狂わせ、すなわちジャイアント・キリングです。

ユーラシア大陸のほぼ全土を掌握し、さらに東は朝鮮半島、西はイスラム圏にまで版図を広げて世界最大の帝国となった元（当時の日本での呼称は「蒙古《もうこ》」）が、当時、鎌倉時代だった日本を征服するため、2度も大艦隊を組んで押し寄せました。1回目は1274年の「文永の役」、2回目は1281年の「弘安の役」です。これらは日本にとって初めての強大な外敵による侵略でした。

文永の役では、蒙古軍は対馬・壱岐を襲ったあと博多湾に上陸し、装備で劣る鎌倉武士をさんざん蹴散らして、一説には、博多市街にまで攻め上ったとされています。もしも、そのまま攻め込まれて九州の政治の中心である大宰府が陥落すれば、九州は奪われたも同然であり、日本にとっては国家存亡の危機です。ところが、どういうわけか蒙古軍は夜になると全軍が撤退し、博多湾に係留していた軍船に引き揚げたのです。そこへ暴風雨が直撃し、船どうしが衝突・大破して艦隊は壊滅状態となり、息を吹き返した日本軍の追撃をうけておびただしい数の死者を出し、逃げ帰ったとされています。

続く弘安の役では、日本側があらかじめ博多湾の海岸全域に防塁を築いていたため蒙古軍は上陸できず、一部が志賀島《しかのしま》に上陸しましたが武士団の猛攻により退却、その後は転戦を繰り返して伊万里湾の鷹島に停泊中だったところ、巨大台風が直撃し、またしても壊滅的打撃を被ります。こうして日本は奇跡的に、危地を脱したのでした。

多数の兵と船舶を失った元は、87年後に滅亡しました。よく健闘した鎌倉幕府も、軍費の出費がかさんで政情不安定となり、52年後に滅亡しました。蒙古襲来は東アジアにおいて、大きな歴史の転換点となったのです。そして、一度ならず二度までも、国家が危機に瀕すると大風が吹いて救われたことが、日本は神に守られているという「神国思想」が生まれるもとになりました。この思想がのちのちまで、日本の国家戦略のあり方にも大きな影響を与えたことを思えば、このジャイアント・キリングには非常に大きな意味がありました。

しかし、1回目の文永の役については、大きな謎が残ったままです。なぜ蒙古軍は進撃の途中で船に撤退したのでしょうか。そんなことをしなければ暴風雨に遭うこともなく、日本侵略に成功していたのではないでしょうか。とすれば、日本にとってはこのときが、国家最大の危機だったのかもしれません。この蒙古撤退の謎については、これまで歴史研究家たちによってさまざまな検討がなされていますが、いまだに結論は出されていないのです。

この章で述べるのは、船の設計者としての知識・経験をもとに、当時の蒙古軍船の性能、両軍の実力から地理的条件や気象条件までを検証した結果、筆者が最も合理的であると考える文永の役の姿です。

「文永の役」検証のプロローグ

まず、あらためて文永の役の「通説」を掲げておきましょう。

――文永11(1274)年、10月20日(旧暦)の朝、約900隻の蒙古軍船と、約3万人の蒙古兵が九州に押し寄せ、博多湾から九州に上陸した。すでに対馬や壱岐などは蒙古軍による略奪と虐殺で大きな犠牲を出していた。迎え撃つ鎌倉武士は、古来の戦いの作法として開戦の合図である鏑矢《かぶらや》を射かけ、自分が何者であるか名乗りを上げてから、一騎討ちを挑んだ。ところが、蒙古軍は一騎で接近してきた鎌倉武士を容赦なく集団で取り囲み、数にものを言わせて討ち取っていった。それでも勇猛な鎌倉武士に押されてくると、新兵器「鉄炮（てつはう）」を投げつけた。その爆発音に武士たちは度胆を抜かれ、馬も仰天して暴走したため、日本側は不利を招いて後退し、ついに大宰府付近の水城《みずき》まで退却した。筥《はこ》崎宮《ざきぐう》と博多の街は炎上し、九州は陥落寸前となった。しかし、蒙古軍は突然に撤退を始め、博多湾に停泊していた軍船に引き返した。その夜、海上に暴風雨が吹き荒れ、翌朝には博多湾に蒙古船の姿はすっかりなくなっていた。博多の人々は「神風が吹いた」と大喜びした――。

およそ、このようなところが文永の役の「通説」です。しかし、蒙古軍が突然に撤退した理由についての考え方は、時代とともにさまざまに変遷をとげました。

元寇について記された数少ない史料の一つである『八幡愚童訓《はちまんぐどうくん》』ではもっぱら、応神天皇が神格化された八幡神、いわゆる「八幡様」のご加護であったことが強調されました。これはこの書物が、神々の功徳を子どもにもわかるように説いた、いわば寺社勢力のＰＲのために作成されたものだったためです。鎌倉武士がよく戦ったことも蒙古撤退の要因となっては、都合が悪かったのです。この演出は大成功をおさめ、長きにわたって日本人の心のよりどころともなり、日本は神に守られているという「神国思想」につながっていきました。ようやく明治維新後に、軍人が書いた文献や教科書では武士の健闘も併記されるようになりましたが、第二次世界大戦で日本の戦局が悪化すると、教科書では神風特別攻撃隊を賛美するため、再び武士の健闘を削除して、蒙古軍は「神風」が吹いて撤退したと記述されました。戦後はさすがに「神風」という言葉は影を潜めたものの、武士道＝軍国主義と結びつけられる風潮から、教科書や文献ではやはり、武士の健闘には言及されませんでした。

蒙古撤退の合理的な説明をするために頭を悩ませた歴史家たちは、蒙古軍は台風が来るのを警戒して引き返したとする「台風説」を採用し、一時はこれが定説となります。気象学者の荒川秀俊氏は１９５８年に、旧暦の10月20日は新暦の11月末にあたり、この時期には台風はないと発表してこれを否定しましたが、７００年前の気候は現在と異なると主張して荒川説を否定する歴史家もいました。やがて、科学的に荒川氏が正しいことがわかり、「台風説」は消滅しました。

蒙古撤退の理由をさがす歴史家は次に、蒙古軍が陸上攻撃時にあらかじめ偵察攻撃をしている例を見つけだし、「威力偵察説」を提唱しました。文永の役はそもそも本格的な侵略戦ではなく、日本の軍事力について戦いながら情報収集するための威力偵察攻撃であったので、戦果はあげたものの深追いはせずに撤退したというのです。

しかし、異国に大軍を動員するにはいうまでもなく、莫大な費用と人員が必要です。それだけ大がかりな準備をした上陸戦が偵察にとどまるというのは、軍事の常識からはおよそ考えにくいことです。現在、「威力偵察説」は一定の評価をされていますが、文永の役とは何だったのか、真実を見誤らないためには科学的に慎重な検討を加える必要があります。

では、現在の日本の教科書には、文永の役についてはおよそ、どのように記述されているのでしょうか。各出版社が2020年に刊行した中学校の社会科の教科書で比較してみます。

『新編　新しい社会　歴史』（東京書籍）

日本は蒙古の集団戦法と新兵器の火薬によって苦戦したが、蒙古が突然撤退して救われた。撤退理由としては元軍と高麗の対立説、および短期間で力を見せつける目的だったことを併記。

『中学社会　歴史的分野』（日本文教出版）

元は高麗に軍船と3万の軍を出させて襲来。日本は元軍の集団戦や火薬に苦戦し、大宰府まで退却。しかし、夜になって元軍は海上に引き揚げ撤退した。

『社会科　中学生の歴史』（帝国書院）

幕府軍は元軍の集団戦法と新兵器に押され苦戦したが、暴風雨の影響もあって引き揚げた。

『中学社会　新しい日本の歴史』（育鵬社）

御家人（筆者注：将軍直属の武士）たちは武器や戦法の違いで苦戦したが、勇敢に戦った。やがて武器を消耗した元軍は、日本側の夜襲を恐れて撤退したが、暴風雨に襲われた。

教科書の記述は、撤退の理由についてはそれぞれに微妙な違いがみられます。これはいまだに確かな見方が定まっていないことのあらわれでしょう。

また、近年に刊行された元寇関連の学術書には、服部英雄氏の『蒙古襲来』（山川出版社）、宮脇淳子氏の『世界史のなかの蒙古襲来』（扶桑社）、北岡正敏氏の『蒙古襲来の真実』（ブイツーソリューション）など、注目すべきものがいくつもありますが、蒙古撤退の謎について科学的、技術的に検証された著作はまだ見つけることができません。

では、私たちはこれから、可能なかぎり科学的に蒙古撤退の理由をさぐりながら、文永の役とは何だったのかを考えていきます。

日本征服の大号令

まず、蒙古襲来に至るまでの、元と日本がおかれた時代背景を見ておきます。ときは13世紀の初頭、日本は鎌倉時代で執権北条氏が実権を握っていました。

モンゴル高原出身の遊牧民チンギス・カンは疾風怒濤の勢いでユーラシア大陸を席巻し、史上空前の巨大帝国を築きあげました。日本の鎌倉時代には第五代皇帝フビライが拡大政策を続けていて、１２７１年に国号を「元」と改め、長年侵略していた高麗を配下に収めると、その先の海上にある島国を、次なる標的に定めました。元と敵対する南宋と交易をしていた日本です。

その理由は、日本がマルコ・ポーロの『東方見聞録』に「黄金の国ジパング」と書かれたほど豊かな国であったためともいわれていますが、前出の服部氏は『蒙古襲来』において、火薬の原料である硫黄が中国大陸ではあまり採れず、日本ではとくに九州で大量に産出して元の敵である南宋にのみ輸出していたからだった、という注目すべき説を提唱しています。

フビライは日本に対し、1266年から1272年までに合計6回も、モンゴル帝国の属国になるようにと書かれた国書を携えた使節を送りました。表現こそ穏やかながら、それは、圧倒的な武力をちらつかせての恫喝《どうかつ》にほかなりませんでした。

鎌倉幕府では、1268年に北条時宗が18歳の若さで執権についたばかりでした。度重なる使節に対してどう対応すべきか、幕府はついに結論を出せず、一度も返答しませんでした。

1271年1月、フビライは5回目の使節を日本に送ることと、軍隊を高麗に駐屯させて食料と戦艦を金州（現在の韓国・慶尚南道金海市）に集結させることを命じ、日本攻略の準備を開始しました。

そして、南宋との戦いにめどが立った旧暦1274年、フビライはついに日本侵攻の号令を発します。高麗の史書『高麗史』によれば、元は高麗に対して、6ヵ月以内に大型軍船300隻、小型上陸艇300隻、水汲み艇300隻を建造するよう厳命し、さらには大工や人夫として3万人以上を徴発させました。当時の高麗の人口は250万～400万人と推定されています。元の中国部分の人口は1億人ほどで、日本の推定人口は約800万人という時代でした。

ところが、準備期間が終わる6月になって、不慮のできごとが起こりました。高麗国王の元宗が病死したのです。8月には後継の忠烈王が元の都において王位継承の式典をすることになり、日本侵攻は10月に延期されました。出征は3ヵ月も遅れることになったのです。しかし、フビライは特段にそれを問題視しませんでした。西暦663年に、日本は当時の百済を救済するため軍船800隻と4万2000人の大軍を朝鮮半島へ送って唐・新羅連合軍と戦い、大敗しました。この白村江の戦いの記憶から、元には日本など与《くみ》しやすしという先入観がありました。当時、九州の行政・軍事の中心だった博多の大宰府を陥落させて九州を占領すれば、日本征服などたやすいと考えていました。しかし、結果的にこの3ヵ月の遅れが、元にとって取り返しのつかない痛手となり、日本に僥倖をもたらすことになったのです。

旧暦1274年10月3日、蒙古軍は高麗の合浦《がっぽ》（現在の馬山《まさん》）に集結し、日本侵略に向けて出港しました。その陣容は軍船900隻、兵力は4万といわれています。

軍船建造に必要な木材と森林面積

ここで、日本を襲った蒙古艦隊の陣容は、実際のところはどのような規模だったのかを検証してみましょう。そもそも高麗が元から命じられた大型軍船300隻、小型上陸艇300隻、水汲み艇300隻、計900隻の6ヵ月以内での建造は、本当に可能だったのでしょうか。

結論からいえば、当時の高麗の国力を考えたとき、この命令はいわば天文学的な数字であり、実現はとうてい不可能だったと思われます。

ここでは、とりあえず大型軍船300隻に絞って検討してみます。これだけの軍船をつくるのに必要な木材の量について、当時の高麗が建造した軍船の設計を、現存する古船や、日本の江戸時代の千石船、古い帆船、長崎県の鷹島で発見された蒙古軍船、韓国の海洋博物館にある高麗船などの資料から推定し、外板・甲板の厚さを想定して計算してみたところ、大型軍船1隻あたりの木材使用量は、約234m^3と算出されました。では、これだけの木材を確保するには、どれだけの原木が必要でしょうか。

まず、船を建造するには通常、切り出した原木をそのまま6ヵ月置いて「葉枯らし」をして水分を抜き、川や海から造船所に輸送したあと、また6ヵ月ほど自然乾燥させてから角材や板材に製材し、加工するので、伐採から1年は必要なのですが、それでは命令の6ヵ月後に間に合いません。そこで高麗は、伐採・輸送に大人数をかけて期間を短縮し、かつ原木の乾燥時間を省いて生木のまま加工を始めたと思われます（ただし生木を使うとやがて曲がりや歪みが生じ、水漏れの原因となります）。木材は高麗に多いアカマツと推定されます。

東京大学の山本史郎名誉教授によれば、1805年のトラファルガーの海戦でフランス・スペインの無敵艦隊を破ったイギリスの木造戦艦ヴィクトリーは、加工前木材を8444m^3ほど必要とし、その調達には約40haの森林から約6000本の原木を伐採する必要があったそうです。

また、1隻あたりの木材使用量と、加工前木材（原木）の量の比率は、およそ1：2と考えられ、これはほとんどがオーク材のヴィクトリーでも、アカマツでできた高麗建造の軍船でも大差ないとみて差し支えありません。したがって、木材使用量が約234m^3である高麗建造軍船1隻あたりに必要な加工前木材は、およそ500m^3と考えられます。それを300隻ですから、合計では15万m^3が必要になります。

これをヴィクトリーのケースにあてはめれば、約700haの森林から伐採する必要があるということになります。イメージとしては、東京ドーム（建築面積約4・7ha）約150個分の広さです。

これほど伐採場所が広大だと、川や海から遠いところでは短時間での輸送は困難です。川や海のそばに限られるとなると、伐採可能な対象面積が狭くなり、さらに広い森林が必要となります。このように大型軍船に限って検討してみても、300隻を新たに建造するというのは材料を調達するだけでもほとんど不可能な数字だったのです。

軍船建造に必要な大工と人夫の数

『高麗史』には、高麗では1回目の元寇（文永の役）における軍船、上陸艇、水汲み艇の建造に工匠・人夫3万500人余を動員したため、経済が非常に疲弊したとあります。

船の建造にはどれだけの人員が必要か、千石船を参考にして考えてみます。千石船は江戸時代に発達した大型の荷船で、文字通り米を1000石積める大きさがありました。千石船の建造には、船大工がのべ約4000人は必要だったようです。かりに建造期間を蒙古軍船と同じ6ヵ月間（180日）とすれば、22人／日となります。

前述した蒙古軍船1隻の木材量約234m³は、千石船の1・3倍ほどです。加えて、上陸艇と水汲み艇も必要なので約1・5倍とし、工程は千石船と同じと仮定すれば、蒙古軍船に必要な船大工の数は1隻で33人／日と推定され、300隻では約1万人／日となります。しかし、当時の高麗の経済規模で船大工が1万人もいたとは考えられません。おそらくその4分の1の2500人ほどが、複雑な加工と指示・監督役にまわって、大勢の人夫を使ったものと考えられます。

人夫は船大工の10倍の2万5000人くらいが妥当でしょう。加えて、原木の切り出しと輸送は急ぐ必要があったのでやはり2万5000人ほどと仮定します。さらに、これらの人々の宿舎や食事の世話をする人員も含めると、総計約6万人／日規模が必要となり、『高麗史』のほぼ2倍になってしまいます。

すると、マンパワーの面でも大型軍船の新造はせいぜい半数の150隻がいいところで、これに小型上陸艇300隻、小型水汲み艇300隻を建造するのが精一杯だったと考えられます。『高麗史』などにも新造軍船は126隻という表現があり、また、韓日国際学術会議の尹龍爀《ユンヨンヒョク》公

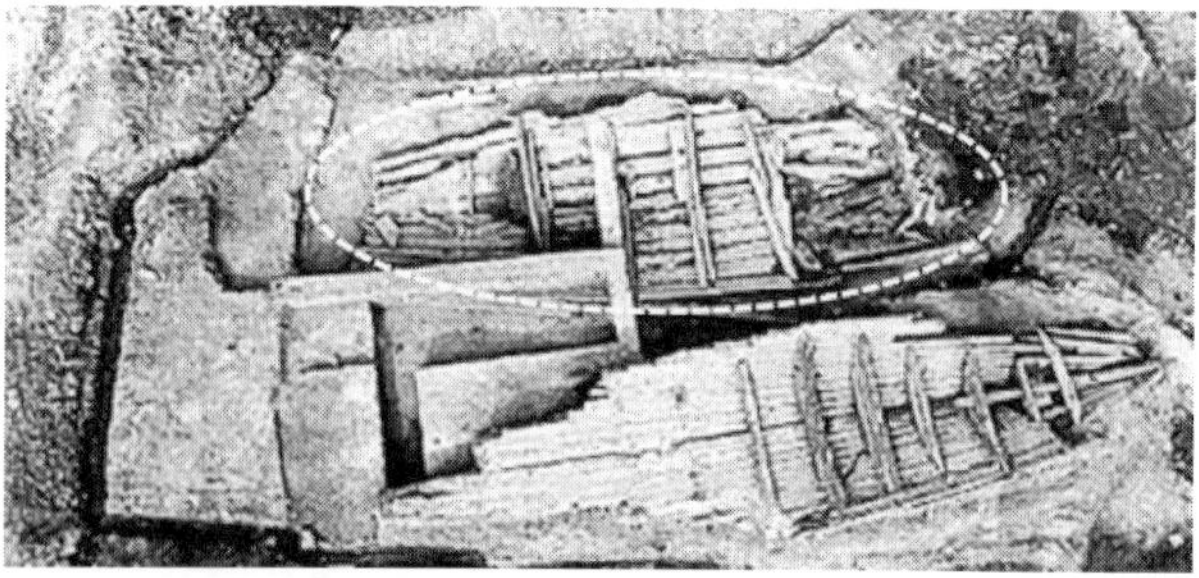

図1-2　高麗が建造した軍船「蓬莱３号」
14世紀につくられたもの（中央日報より）

州大学校教授も、蒙古軍の大型軍船の建造量は３００隻の半分にも満たなかったと述べています。

以上の検証から、当時の高麗は木材調達の面からも人員確保の面からも、元に命令された通りの軍船建造などはとうてい不可能で、大型軍船の建造数は３００隻の半数程度でしかなかったと考えられます。また、その形状も、宋の外航船のような船首が細く、隔壁が多い船をつくることはもともと技術的に難しかったうえに、時間的にも間に合わず、単純な高麗型の川船形状になったと考えられます。

そもそも、次のようなデータもあります。１８７８（明治11）年の日本における船舶数の統計によれば、当時の日本はまだ和船がほとんどで、その合計は1万７６３８隻でしたが、このうち千石船クラス以上は２２９隻と全体の約１％しかなく、93％は50～１００石積みの小型船だったそうです（安達裕之『日本の船　和船編』船の科学館）。元寇当時から６００年後の、はるかに経済規模が大きく、海運量も多い日

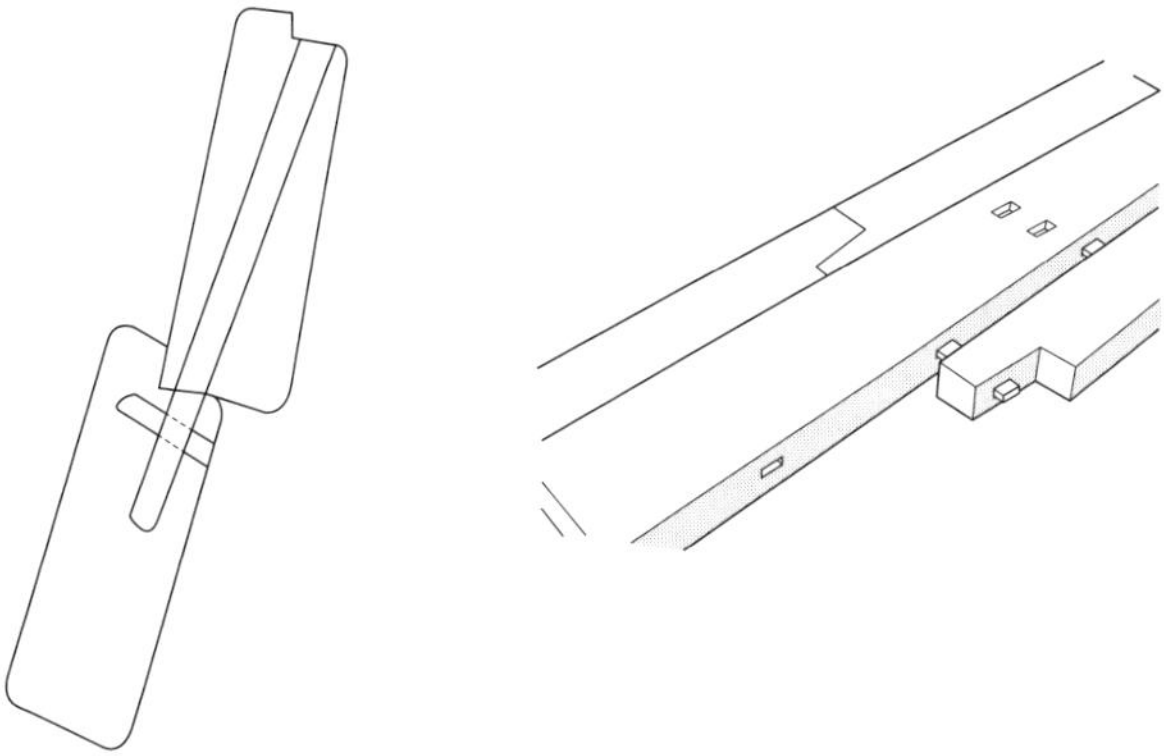

図1-3　木釘による連結
左：側外板を連結　右：底外板を連結（佐々木蘭貞氏作成）

本でさえ、そうだったのです。

蒙古軍船を復元する

では、高麗型の川船とはどのような船だったのでしょうか。たとえば２００５年に中国山東省で発掘された「蓬莱３号」と呼ばれる軍船（図１－２）は、14世紀につくられた高麗船とされています。形状は曲線が少ない箱型で、主要な連結には木釘が使われていたと思われます（図１－３）。木釘は鉄釘に比べて強度は５分の１ほどしかないうえ、互いに「ほぞ」を彫って正確に合わせる必要があるので、建造にも時間がかかります。

しかし、高麗船の歴史にくわしい水中考古学者の佐々木蘭貞氏は、蓬莱３号は中国と高麗のハイブリッド船であるとして、中国船のように船体構造に隔壁を入れて強度を上げていたことが特徴的で、蒙古軍船もまた、同様の構造であった可能性があると指摘しているのは興味深いところです。

強度の次は、形状についてです。2017年の11月から12月にかけて、北朝鮮の漁船が北西風に流されて、日本海側に大量に漂流してきたことがありました。相当に古いとみられる木造漁船で、その船型は、船首は細くしているものの、船底は平らなままの単純でつくりやすい形状でした。極端にいえば、高麗時代の川船の船首部を細くしただけともいえました。これに比べると江戸時代からの和船は、船底は平底ではなくV字形で、推進性能や波切り、波浪中の安定性は現代船と変わりません（図1－4）。北朝鮮漁船のように底が平らな船は、海を航走するための形状ではないことは明らかです。高麗が建造した蒙古軍船もまた、しかりでした。

発掘された高麗の「蓬莱3号」や、中国の「ジャンク船」といわれる木造帆船、日本の千石船などを参考にして、元寇当時の蒙古軍船を設計復元してみました。

船舶の建造計画では通常、類似船がある場合は、その排水量の1／3乗比で長さ、幅、深さを決めて概算配置図を作成し、重量などを算出します。そこで表1－1のように各種の船を参考として、船型や船内配置、概算重量を算出し、試行錯誤を繰り返しながら、内部の構造を固めていきました。その結果、高麗建造の蒙古軍船は全長28m、幅9mもの大型船となることが推定されました。乗員は1隻当たり、兵士と兵站兵で120名、船員60名の180名と推定しました。また、これらのデータをもとにコンピュータグラフィクスで復元図も作成しました（図1－5）。

図1-4　北朝鮮の船（上）と和船（下）
上：船底が平らで波切りが悪く、波の衝撃が大きい
下：船底はＶ字形で波切りがよく衝撃が小さい。現代の高速艇に似た形状

船種	浪華丸(復元船)	みちのくジャンク(復元船)	木造機帆船	琉球進貢船	南宋蓬莱1号	高麗発掘船蓬莱3号	**蒙古軍船**
年代	江戸中期	平成	昭和	17世紀	14世紀	14世紀	**13世紀**
船型	菱垣廻船	ジャンク	丸底型	丸底型	丸底型	平底型	**平底型**
上甲板長(m)	28.9	21.9	30.7	30.7	322	28	**28**
全幅(m)	8.00	512	6.75	8.5	6	8	**9**
深さ(m)	2.4	2	3.11	7	2.6	(3)	**3**
満載喫水(m)	2.16	(1.8)	2.55	3.2	1.8	(2)	**1.8**
乾舷(m)	0.24	0.2	0.56	3.8	0.8	1	**1.5**
満載方形係数	0.42	0.66	0.62	0.41	(0.53)	(0.59)	**0.52**
満載重量(t)	166.7	101.2	288	266.3			**244**
船体重量(t)	88	53.5	147.6	121			**154**
載貨重量(t)	78.7	47.7	140.4	145		160	**90**
空荷重量/満載重量	0.53	(0.53)	0.51	(0.45)			**0.63**
帆面積	380	100					**206**
構造木材料(m^3)	(176)	(107)	(275)	(226)			**234**
木材重量(t)	88.0	(53.5)	(137.6)	(113.0)			**152.1**

表1-1　各種船舶を参考に推定した蒙古軍船の詳細
データ出典は下記（ただしカッコ内は推定値）
浪華丸：日本財団電子図書館、みちのくジャンク：みちのく北方漁船博物館、木造機帆船：日本木船図集、琉球進貢船：川邊博（日本海洋工学会論文）、南宋蓬莱１号：中国船級研究所、蓬莱３号：国立海洋遺物展示館

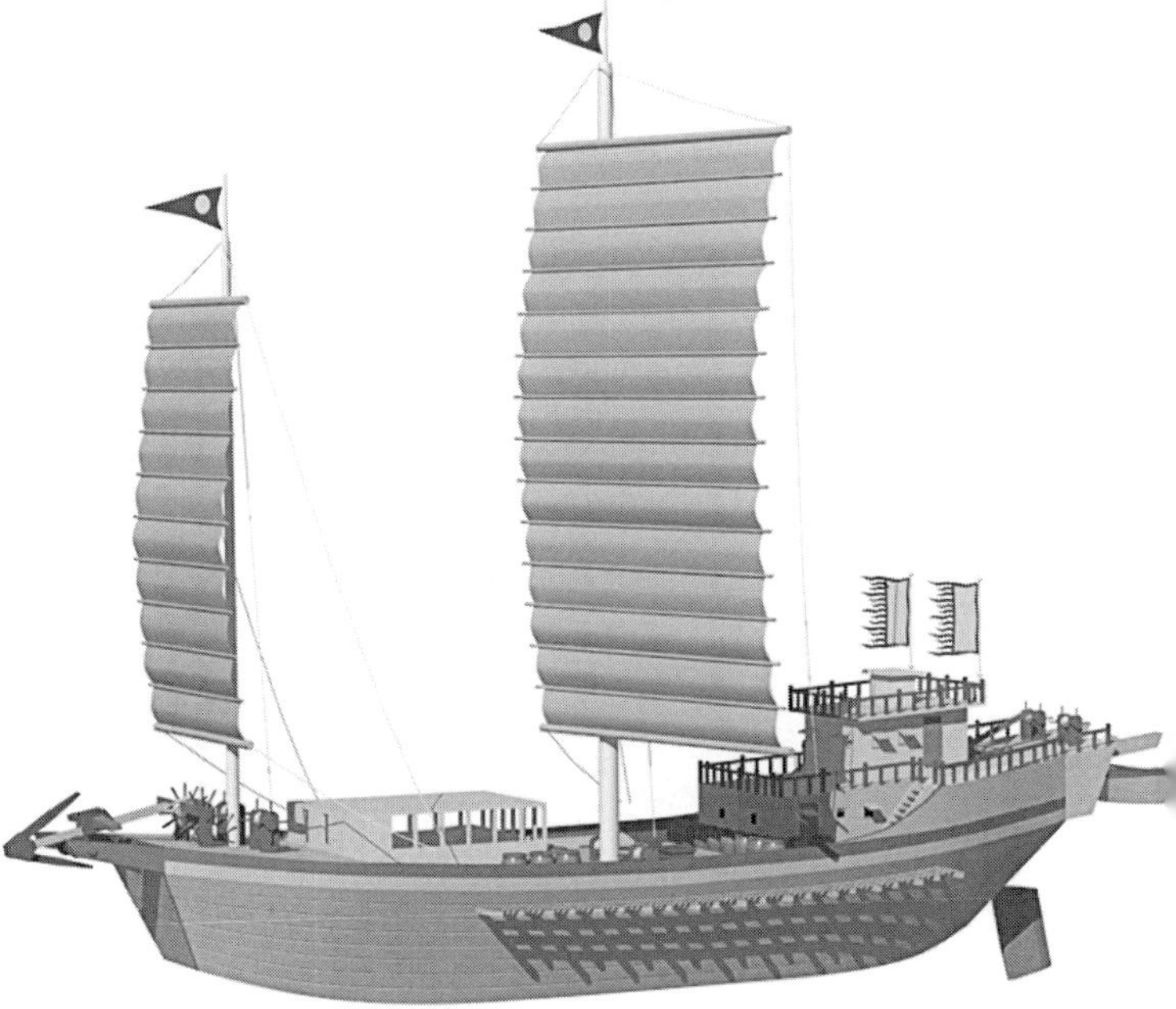

図1-5　CGで復元した蒙古軍船
将軍が乗る船は帆柱が白く塗装されていたという（CG制作は筆者）

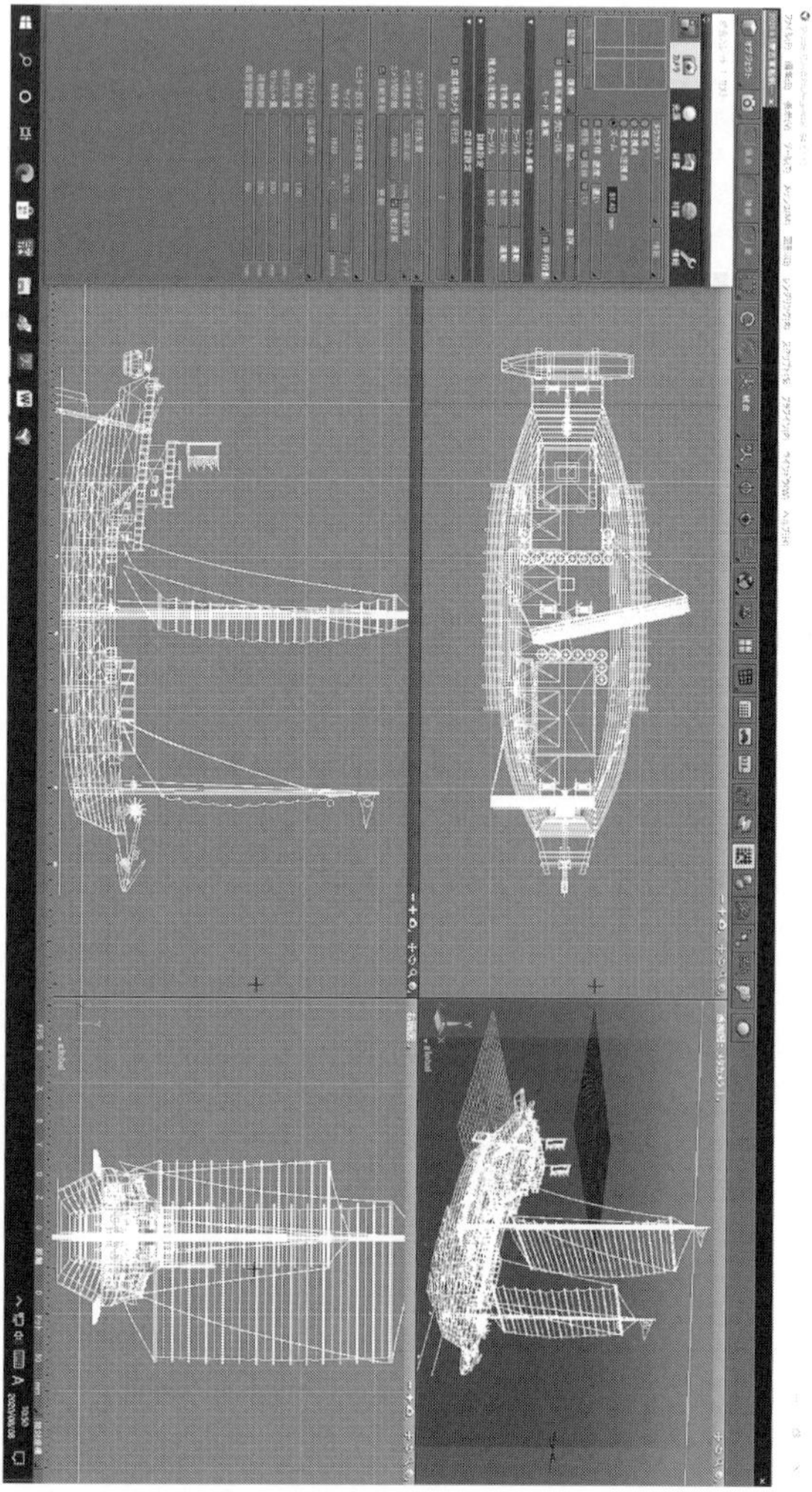

図1-6　蒙古軍船の内部構造の推定
さまざまな条件をもとに筆者が概念設計していった

蒙古軍船の内部構造も推定してみました。コンピュータを使っての作業の様子は、図1－6でご想像ください。

外板は厚板で強度をもたせ、肋骨はなく、内部は梁で突っ張り、甲板は全通で梁があります。強度を保持するため船底は二重にして高さ約1ｍの空間を設け、そこに1・8ｍごとに肋骨を設けました。この空間には水甕や重心低下のためのバラスト石を搭載しました。

兵士や船員の居住区は、上甲板下に設けました。1名当たり長さ1・8ｍ、幅0・8ｍ、高さ0・8ｍの二段ベッドとして164名分を確保し、中央部と側部に通路を設けました。梁は全幅9ｍにわたって連結されるため強度が不足するので、中央通路部に支柱を立てて保持しましたが、構造とベッドが交錯し、通行上はかなり不便です。

さらに、士官と上級船員あわせて16名の居室と航海室や、食堂などは上甲板後部の構造物に設けました。また、厠《かわや》は船尾に設けました。底板に穴が開いているだけのものですが、いまから50年くらい前の漁船や機帆船の厠はこのような構造でしたので、それに倣《なら》いました。

馬小屋は上甲板前部に設けました。軍馬には大量の水や飼葉と、糞尿処理が必要なことから通風の悪い船倉内での運搬は困難と考えられるからです。軍馬の数は、文永の役で捕虜となった蒙古兵の証言に軍船1隻に軍馬は5頭積んでいたとあったのを採用しました。実際のところ、上甲板には前述の通り後部に士官用居室や食堂などがあるほか、帆柱やウインチ、帆操作ロープが多

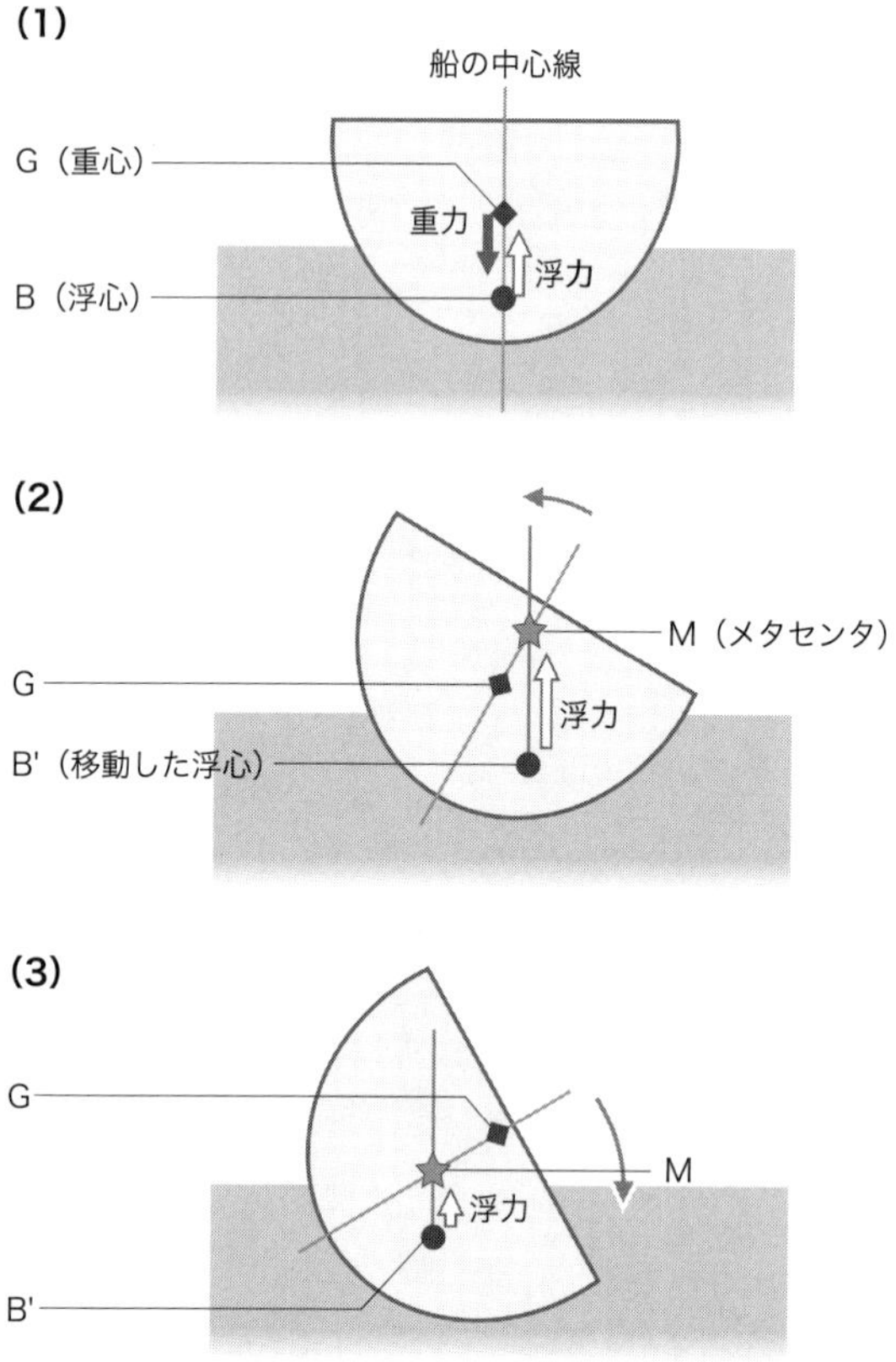

図1-7　メタセンタ高さからみた船の復原力

（1）船は重力と浮力がつりあって浮かんでいる。浮力の中心が浮心

（2）船が傾くときは、重心Gを中心に回転する。浮心BはB′に移動する。浮力の作用線（B′を通る）と、船の中心線（Gを通る）の交点Mをメタセンタという。メタセンタ高さがGより上なら船に復元力が働く

（3）メタセンタ高さがGより下になると復元力が働かず、船は転覆する

く張られ、船倉ハッチもあるので、馬小屋の大きさは5頭分が精一杯であったとみられます。また、飲料水の搭載が船底だけでは不足するので、上甲板上にも水甕を配置しました。

これらの推定をもとに、重量、重心や復原力を検討しました。船の復原性は、メタセンタ高さといわれる数値が目安になります（図1-7）。蒙古軍船ではメタセンタ高さが1mはあるため、帆に横方向から突風が吹いても復原性に問題はないと考えられました。また、横揺れ周期も適正な範囲にあり、航海上の大きな問題はないものとみられました。

蒙古艦隊の実際の陣容

元が高麗に建造を命令した大型軍船の概要を、以上のように検討・再現してみました。その結果、わかったことは、このような大規模なものを高麗が6ヵ月で300隻も建造することは、とうてい不可能であるということです。したがって、実際の蒙古艦隊の規模は次のようなものであったと推定します。

新たに建造された大型軍船は150隻ほどだったと考えられます。これに、前年に元に反抗した「三別抄《さんべつしょう》」という高麗の軍事組織を鎮圧したときに使用した中型軍船を150隻ほど加えて、大型・中型の合計で約300隻としたと推定します。

1隻当たりの乗員は、大型軍船が兵士と兵站《へいたん》兵で120名、船員60名の180名、中型軍船は三別抄攻撃の記録から兵士と兵站兵で95名、船員19名と推定します。総勢では約4万4000名になりますが、兵站兵と船員を除いた、実際の戦闘にあたる兵士の数はおよそ2万6000名と見積もられます。

軍馬については、前述のように蒙古の捕虜の証言から1隻当たり5頭までとし、蒙古艦隊すべてでは700〜1000頭前後であったと推定します。

一般的な軍隊の編制では、100人の部隊があれば3％、つまり3名の指揮官が騎乗して指揮をとります。蒙古軍の兵士と軍馬の割合はちょうどそのくらいであり、つまり指揮官クラスのみが乗馬し、そのほかは歩兵部隊という平凡な編制で、騎馬軍団というには値しないものだったことがわかります。また、歩兵の多くは高麗兵だったと推定されます。というのも、最高司令官のヒンドゥ（忻都《きんと》）は高麗人ではないと思われますが、副司令官には高麗人の洪茶丘《こうさきゅう》がいたからです。戦闘時には言葉が通じないと命令ができないので、高麗兵を指揮するために高麗人の将校が必要だったのです。つまり、実際に戦ったのは、蒙古兵の中に雇われ高麗兵が多数混じった、いわば寄せ集めの歩兵軍団だったと思われます。もちろん、蒙古に強制されての出兵だったとはいえ、日本侵略に成功すれば高麗にも多くのメリットはあったのでしょう。

このように考えていくと、日本を襲った蒙古軍の実体は、通説とは少なからぬギャップがあったようです。では、1274年の蒙古襲来の現場に戻ります。

対馬・壱岐に侵攻した蒙古軍

10月5日午後4時ごろ、対馬の左須浦（現在の長崎県対馬市小茂田浜）に突如、おびただしい数の蒙古軍の船団が侵入しました。対馬の守備隊は驚いて博多に急使を立てたのち、懸命に応戦しましたが、守護代の宗助国《そうすけくに》らが討死し、あえなく全滅しました。その後、蒙古軍は1週間にわたって対馬を蹂躙し、暴虐の限りを尽くしました。対馬からの急報が博多に届いたのは、上陸から7日後の10月13日でした。

続いて10月14日午後4時ごろ、蒙古軍は壱岐の海岸に侵入し、樋詰城《ひのつめじょう》を攻撃します。守護代の平景隆は城を守って奮戦しますがついに支えきれず、博多に急使を送って一族郎党とともに自害しました。壱岐からの急使が博多に届いたのは10月18日でした。

対馬・壱岐では、蒙古軍は武士のみならず島民も、赤子に至るまで虐殺しました。とくに女性は手の甲に穴をあけ、そこに縄を通して何人も繋げて舷側《ふなべり》に吊るし、矢除けにしたとも伝えられています。その真偽はともかく、蒙古軍の残虐さは日本国内の戦いではありえなかったもので、日本人は大きな衝撃を受けました。いまでも対馬・壱岐には「モックリ（蒙古）」「コックリ（高麗）」と言うと子供が泣きやむ、という伝承が残っているといわれるほどです。

10月16〜17日、蒙古軍は平戸や鷹島を襲ったあと、10月20日早朝、ついに博多湾から上陸し、

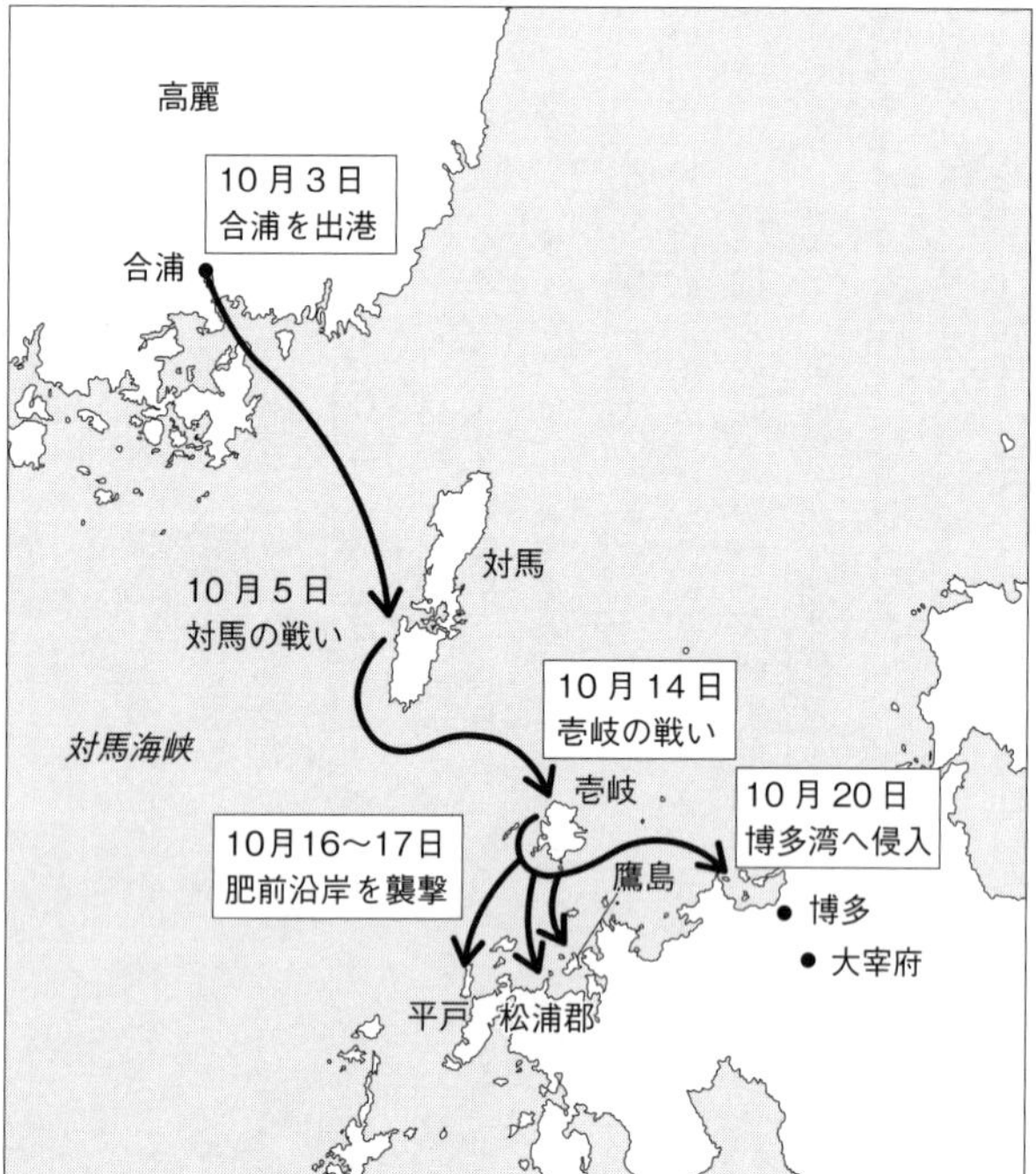

図1-8　元・高麗軍の襲来ルート

本格的な侵略戦を開始しました（図1－8）。文永の役における、いわゆる「博多の戦い」の始まりです。

これに対して、博多の大宰府では10月13日の対馬からの第一報を受けて、総司令官の少弐資能《しょうにすけよし》は鎌倉に飛脚を立てるとともに、九州の御家人たちに博多に参集するよう命じました。10月18日に壱岐からの知らせも届くと、当然ながら、蒙古軍の大艦隊はまもなく博多に現れると予想されました。御家人たちは緊張のなかで武器や食料を準備し、国土防衛に向けて悲壮な決意を固めていきました。彼らが経験しようとしているのは、日本人にとっては初めての、他国からの大規模な侵略でした。

鎌倉武士団の迎撃態勢

では、蒙古軍を迎え撃った日本の戦力はどれほどのものだったのでしょうか。これについては、さまざまな二次資料があり、近年になって刊行された歴史研究家や軍事研究家の著作などもかなりの数にのぼります。そのなかで信頼がおけると思われる軍事研究によれば、博多で蒙古軍と戦った、御家人たちで編制された鎌倉武士団は、騎馬兵が約5300騎、郎党・歩兵が約5000名であったといわれています。

江戸時代の儒学者・大橋訥庵が1853（嘉永6）年に著した『元寇紀略』によれば、御家人たちの兵力は小弐景資《かげすけ》勢3000騎、菊池・赤星勢800騎、松浦党1000騎、山田・詫磨《たくま》勢230騎、粟屋・日田勢200~300騎で合計5300騎ほどであったとのことです(前出・北岡正敏『モンゴル襲来と国土防衛戦』)。

これらから、ここでは鎌倉武士団の総勢は騎馬兵が約5000騎、歩兵郎党が約5000人、ほかに物資や食料の補給などにあたる兵站郎党が約5000人と仮定し、戦う兵士としては合計約1万人で蒙古兵約2万6000人に対抗したと想定することにします。ただし、騎馬兵を揃えるには相当にお金がかかりますので、九州の御家人たちが騎馬武者を合計で5000騎も動員することが本当にできたのかは、疑問も残ります。この点は、今後の地域別の御家人の荘園の広さや禄高などの研究が必要でしょう。

ところで、日本の騎馬については近年、「ポニーのように小型だったので、甲冑武者を乗せての突撃などは不可能で、軍記物で伝えられるような騎馬軍団は存在しなかった」とする説をよく目にします。しかし日本の伝統的な木曾馬の先祖は蒙古馬で、中型馬ですから、ポニーほど小さくはありませんでした。馬の体重は馬の背の高さの3乗に比例するので、馬の背の高さが1・2mのポニーと1・3~1・4mの蒙古馬では体重が $(1.35/1.2)^3 \fallingdotseq 1.42$ 倍も違います。また、戦いに用いられたのは雄馬ですが、日本には去勢の習慣がなかったので、体力も十分にありました。

そのほか、蹄鉄がなかったので騎乗は無理だったという説もありますが、日本は地質的に硬い道路がほとんどなく、畑や田んぼなどの軟らかい道が多いので、問題はなかったと思われます。木曾馬はひづめが張っていて、山道でも滑らない形状をしています。

日本馬と同じサイズの蒙古馬は大陸を駆け、最強騎馬軍団を生みだしました。日本でも『蒙古襲来絵詞《えことば》』などの絵画には、騎馬武者が多数突進しているさまが描かれています。これらがすべてフィクションであったとは考えにくいので、騎馬軍団が存在したことは確実と思われます。

日本馬の問題は、前述のように去勢していない雄馬だったため、馴らすのが大変で、なかなかいうことを聞かなかったことです。発情した雌馬が近くにいようものなら大騒ぎだったようです。しかし、現在の競走馬にも去勢しない雄馬が多く、制御できなかったらレースになりませんが、そういう事態になることはありません。たしかに西欧のような整然とした騎馬隊の隊列は組めなかったとしても、日本の武士は日常的に訓練して、雄馬を馴らしていました。戦場での突撃はせいぜい２００ｍ程度の走行であり、集団的な突撃は十分に可能だったと考えられます。

こうして見ると、通説と比べて、蒙古軍の実際の兵力が4万ではなく2万６０００ほどと考えられるうえ、その実体は蒙古自慢の騎馬軍団ではなく寄せ集めの歩兵集団だった一方で、日本側は騎馬武者を５０００以上も揃えていたと考えられ、ここでも両者の差は縮まります。襲来してきた蒙古は日本にとって、決して圧倒的に強大な敵ではなかったのです。

しかも、蒙古側はさらなるハンディを背負っていました。

対馬海峡横断のシミュレーション

高麗を発した蒙古軍が対馬・壱岐を経由して博多に上陸するには、まず朝鮮半島から対馬海峡の西水道（朝鮮半島と対馬の間）を越えて対馬に着き、次に対馬海峡の東水道（対馬と壱岐の間）を越えて壱岐に着き、そのあと玄界灘を越えて博多湾に入る必要があります。

しかし、対馬海峡を流れる対馬海流の速い流れと、玄界灘の荒海を越えての大軍の移動には、大変な困難をともないました。当時の気象や潮流のデータと、蒙古軍船の性能や航海状況をもとに、蒙古軍の航海がどのようなものだったかを考えてみます。

対馬海流は北上する流れが1〜1・5ノットあります（1ノットは秒速約0・5m）。これは海流としてはかなり速く、朝鮮からの古代の手漕船や帆船などの速度の遅い船が対馬海峡を横断しきれず、山陰地方などに流れ着くことがよくありました。そのため、出雲（島根県）の製鉄は朝鮮から渡来した人々が伝えたという伝説もあります。

これを証明しようと、山陰で有志グループが丸木船を製作し、釜山から対馬までの航海を企画したことがあります。筆者はこの丸木船の形状、重量、乾舷（海面から上甲板の舷側までの高さ）、抵抗と櫂による速力、復原力、対馬海峡の波による揺れなどを検証し、丸木船は重くて乾舷や復原力が小さく、中途半端な波にピッチング周期が同調して船首が突っ込むため波をかぶること、また、少しの風や海流で斜航（進行方向に対して斜めに進むこと）して大きな水の抵抗を受けることなどから航海は困難と考え、いくつか修正を提案しました。しかし、さまざまな制約もあって航海は行われ、潮流と風によって斜航し、やがて波をかぶって船は転覆しました。

ほかにも、卑弥呼の時代の埴輪にみられる船の形状を再現して航海実験し、成功したともいわれていますが、実際は設計が適切ではなく、ほかの船に曳航《えいこう》されたようです。歴史学者や冒険家が史料や文献から推定し、工学的に検討せず製作した船による航海実験はほとんどが失敗しています。実際に船がどのような寸法、形状、重さであり、復原力、漕力と速度、波浪がどうであったかを数値化して検討しておくことは非常に重要です。

一般的に海峡の横断については、海流速度と船速の比からシミュレーションすることができます。図1－9を見てください。船速が遅いと、出発してから下流側に大きく膨らみながら流され、航海距離も長くなるので、船速と海流速度が同じでは目的地にたどり着けません。海峡を横断するには、海流の2倍以上の速度が必要なのです。対馬海峡を横断する場合、海流の2倍の速度ということは、2～3ノットは必要ということになります。これに加えて、波や風の影響も考慮しなくてはなりませんが、蒙古軍船は櫓のみの走行でも2～3ノットくらいの船速であったと推定されるので、対馬海峡横断はなんとか可能だったと思われます。

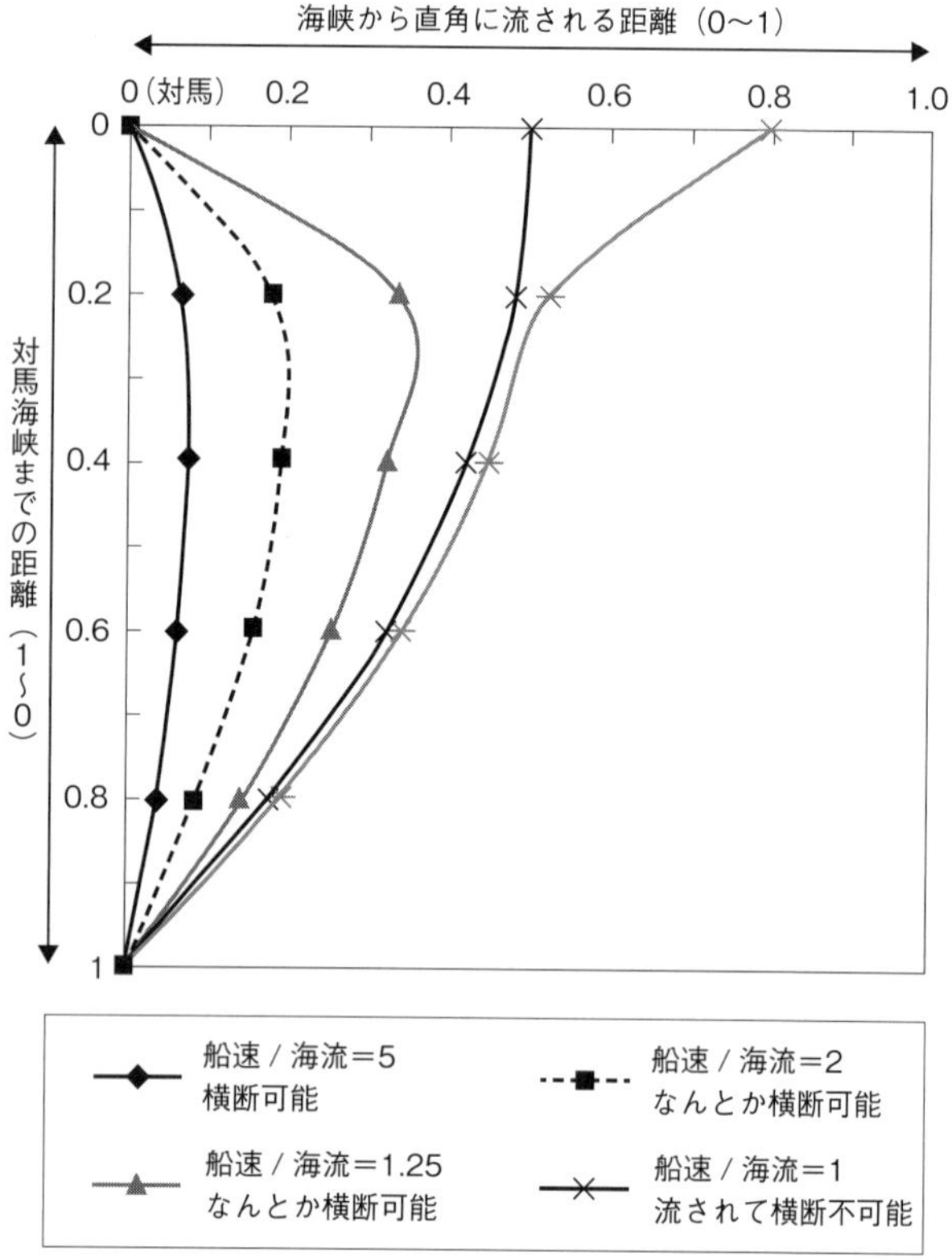

図1-9　蒙古軍船による対馬海峡横断のシミュレーション

蒙古軍は船酔いで体力が低下していた

　ところで、人間の耳には「傾斜」を感知する耳石と、「回転」を感知する三半規管がありま す。これらはスマホの3軸傾斜計や加速度センサーと同じ機能をはたすもので、身体の傾斜や回転の信号を脳に送り、筋肉を制御しています。このため耳石や三半規管は呼吸や循環器をつかさどる自律神経系と連絡していて、乗りものなどの揺れによって人体が加速度を受けると、これらを通じて自律神経が影響を受け、気分が悪くなったり、吐き気を催したり、食欲が減退したりします。船の場合は、揺れによって上下に加速度を受けて、船酔いになります。

　船の揺れには、周期が短い振動と周期の長い動揺の2種類がありますが、周期の長い動揺のほうが、気持ちが悪くなる人が多いことがわかっています。図1－10は、船に1時間乗ったときの上下加速度と周期による嘔吐率の変化を示したものです。上下加速度の大きさは、自分の体重の何%の上下力が加わったかで示しています。0・1gなら10%です。これを見ると、船酔いは上下加速度が0・1gくらいからなりはじめ、揺れの周期は4～5秒くらいから遅くなるほどひどくなることがわかります。自動車は揺れ周期が1秒以下と短いので酔う人は少ないのですが、船の揺れは周期が長いので、多くの人が船酔いになるのです。

　長時間の乗船については、ISO（国際標準化機構）が定めた乗り心地基準というものがあり

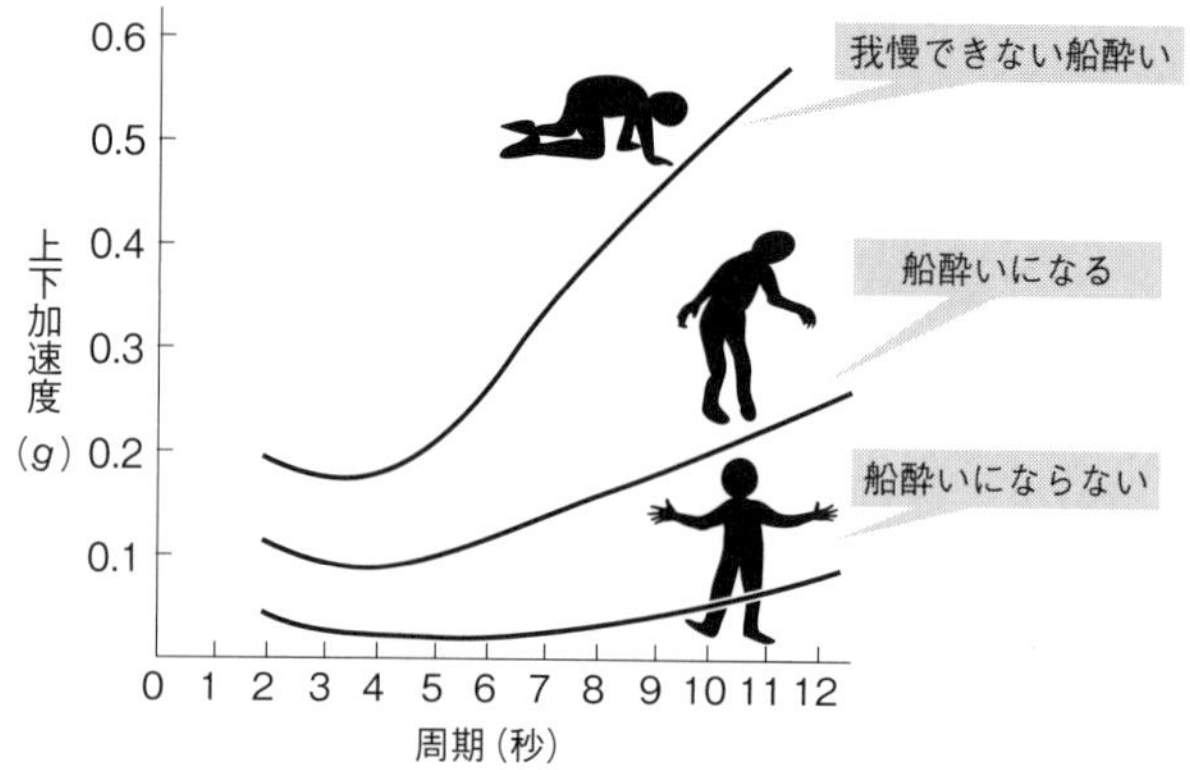

図1-10　船に1時間乗ったときの上下加速度と周期別の嘔吐率

ます（図1－11）。これによれば、8時間乗船では揺れ周期3～10秒の場合は、上下加速度は0・025g以下が推奨値となっています。自分の体重の2・5%以上の上下力が加わると船酔いするということです。また、長期間乗船するクルーズ船の基準は、上下加速度0・02g以下で、横揺れの角度は2度以下となっています。

では、文永の役での蒙古軍船の揺れはどのようなものだったのでしょうか。船の揺れを決めるのは、基本的には波の周期です。対馬海峡の11月の波周期は6秒（平均波高1・1m）です。上下加速度の大きさは、揺れの角度に比例し、揺れの周期の2乗に反比例します。揺れ角度より揺れ周期が短いと加速度は大きくなります。ただし、縦揺れは進行速度と波の方向によっても大きく変わります。また、船には固有の振動があり、これが波の振動の周期と近い

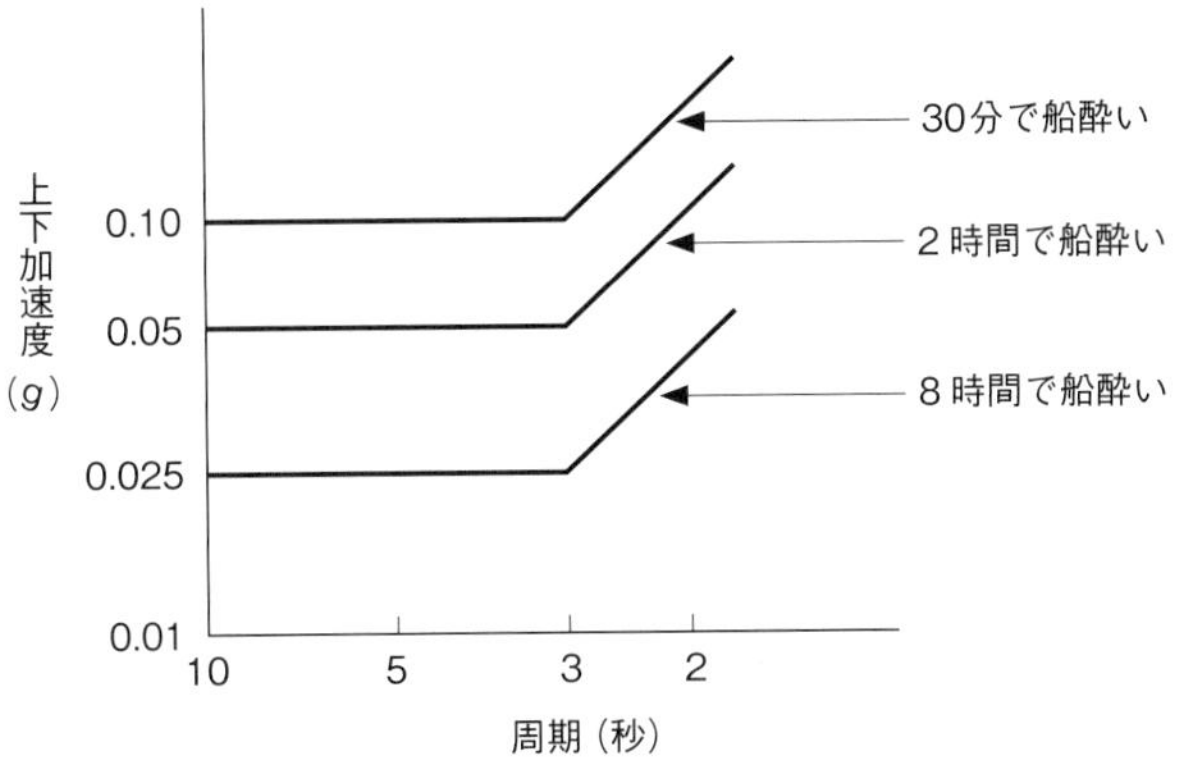

図1-11　ISOが定めた長時間乗船の際の乗り心地基準

と同調して、波の揺れよりも大きくなります。

そうした蒙古軍船の揺れ特性も考慮して、船速３ノットで航行時の揺れの周期や上下加速度を、揺れの角度を波高１ｍと想定して算出した結果が図１－12、図１－13、図１－14です。

これを見ると蒙古軍船は、長期間乗船の船酔い基準である上下加速度０・０２g以下、横揺れ角度２度以下をいずれも超えています。したがって、蒙古軍船は航海中、凪のときを除けば明らかに船酔い発生領域にあったことがわかります。この状態で縦揺れが１時間も続けば、船に強い人でなければまず確実に船酔いになります。

蒙古軍船では、船員以外の兵士の多くは大陸系の人々だったことから、乗船経験が少なく、船には慣れていなかったと思われます。大勢が狭い船内に詰め込まれての長期間乗船では、船酔いの影響はさら

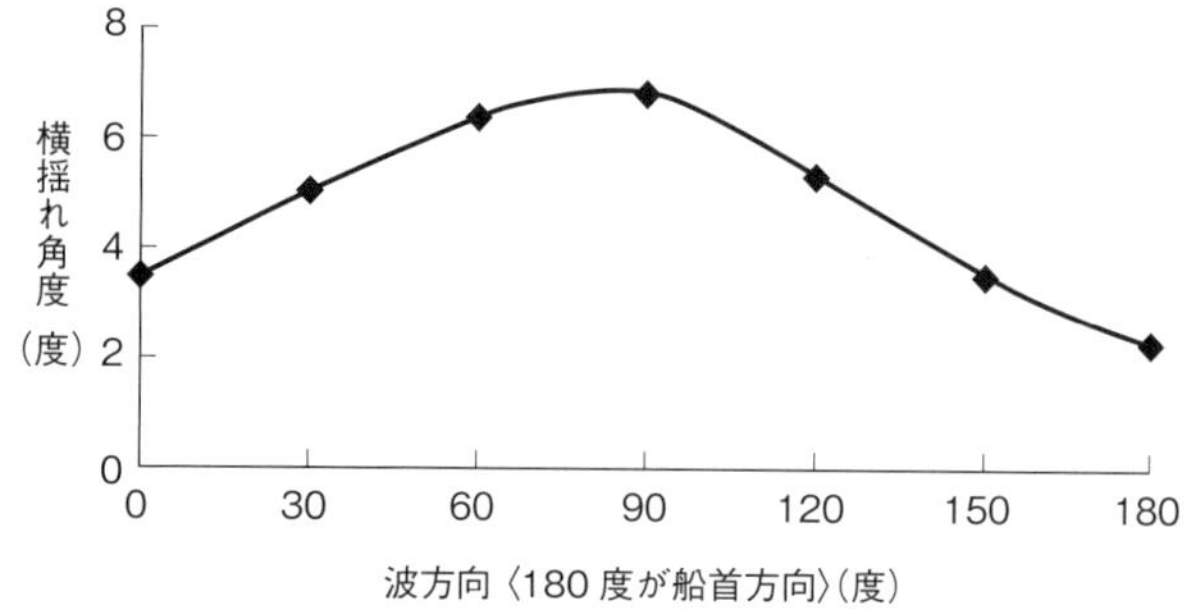

図1-12　蒙古軍船の横揺れ角度

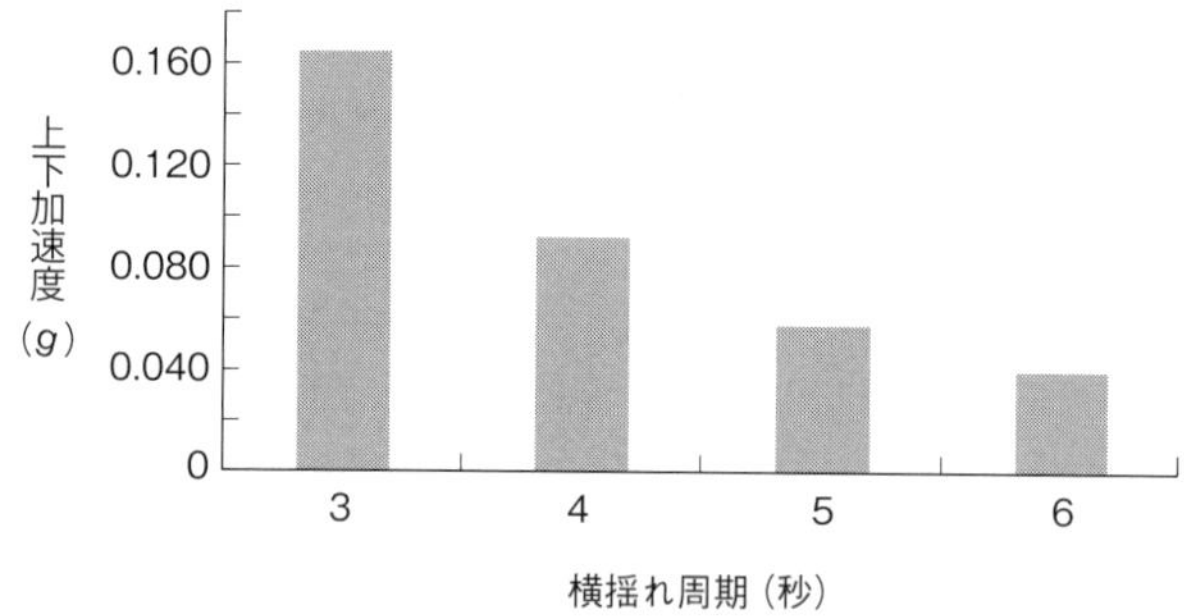

図1-13　蒙古軍船の横揺れ周期と上下加速度

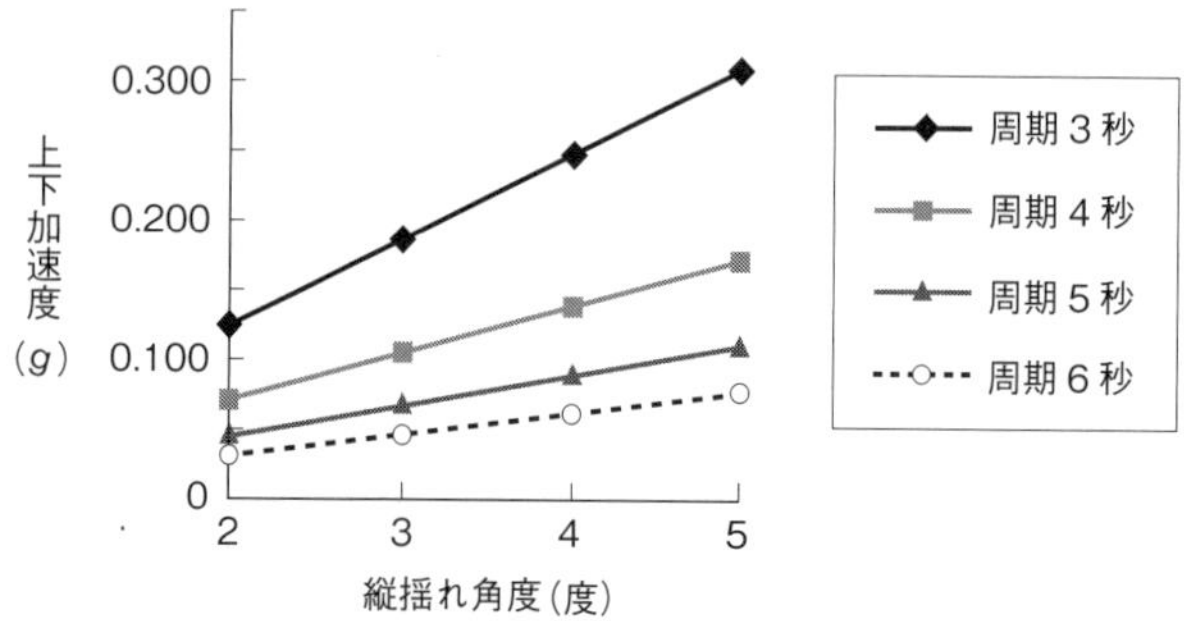

図1-14　蒙古軍船の縦揺れ角度と上下加速度

に大きくなり、吐き気や嘔吐、食欲不振を強く引き起こしたと考えられます。そのため兵士たちは体力を奪われ、博多上陸時には、控えめに見積もっても総兵員の３分の１ほどは、満足に戦うことができなかった可能性があります。その意味で対馬海峡と玄界灘は、やはり蒙古軍にとって難関だったのです。

蒙古軍はどこから上陸したのか

さて、ともかくも蒙古軍は、いよいよ博多湾から、博多上陸をめざします。ところがここで、文永の役は大きな謎に突きあたります。

元寇について記された歴史家の研究や文献には、蒙古軍船は息の浜沖（現在の東公園沖）に停泊し、そこから上陸したとしているものが少なからずあります。しかし、筆者が検証したところ、それではその後の戦いと、地理的にも時間的にもどうしても整合しないのです。

たとえば『元寇―本土防衛戦史』（陸上自衛隊福岡修親会）という、１９６４年に刊行された研究書にはこうあります。

「博多の息の浜の沖合に侵入した蒙・漢軍は、十月二十日、その主力をもって息の浜海岸に、引き続き一部をもって箱崎（筆者注：筥崎）海岸に上陸を開始した。これに対して、当初、箱崎付近に集結していたわが第一線部隊の主力及び箱崎付近の防備に任じていた島津久経の率いる部隊

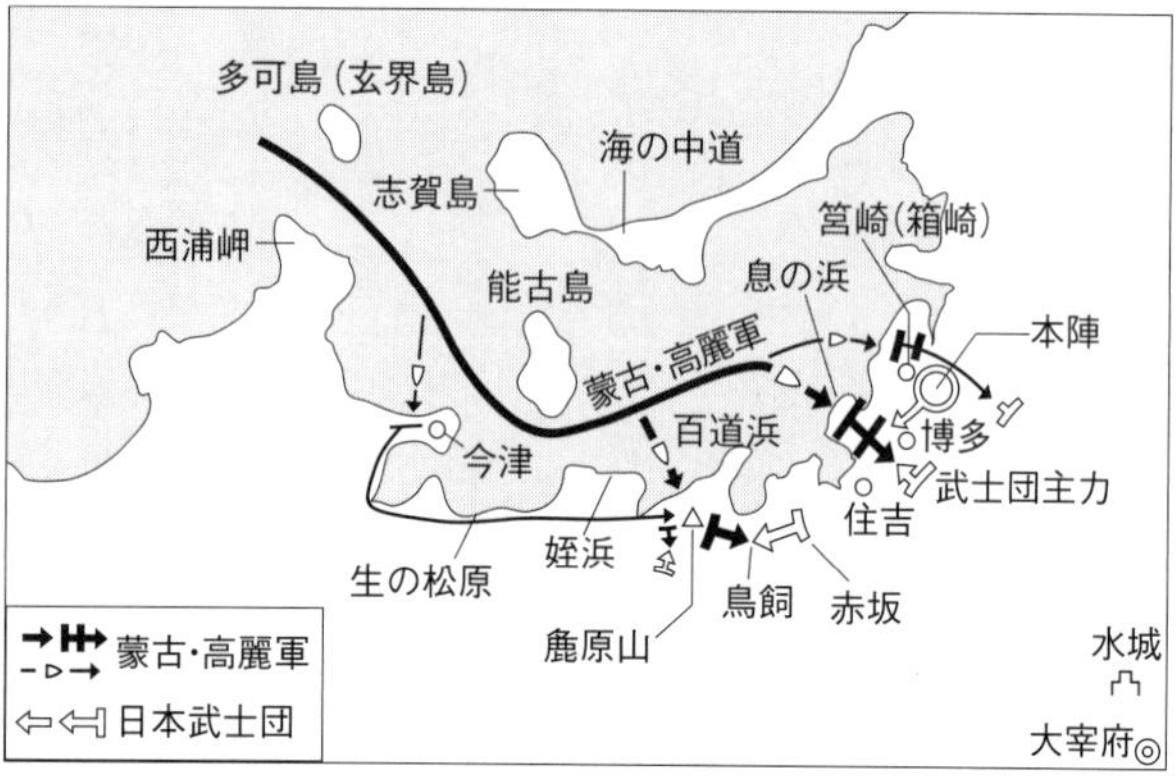

図1-15　蒙古軍が息の浜から上陸したとする説
（『元寇―本土防衛戦史』を改変）

は、敢然として迎撃を開始した」

執筆したのは陸上自衛隊第4師団長の竹下正彦陸将（当時）で、福岡市郊外に司令部を置く自衛隊第4管区総監に着任したとき、管区内の博多は日本で初めて蒙古軍という外敵が上陸した地であることから、史跡を調査し、地元で元寇を調べている研究家にも取材して書いたそうです。さすが総監の陸将とあって軍事専門家らしい考察をしていますが、蒙古軍の主力の上陸地についてはこのように息の浜と記し、そのほかに箔崎などから支隊が上陸したとしています（図1－15）。そして、息の浜上陸説を採る文献はほかにもいくつもみられるのです。

ここに、蒙古軍はどこから上陸したのかという問題が浮上してきます。そして、それは蒙古軍がなぜ撤退したのかという最大の謎を解くためのキーポイントともなるのです。

では、まず息の浜上陸説に沿って博多の戦いの経緯をたどっていき、それではどのような不都合が起こるのかを探っていきましょう。

——蒙古軍は息の浜沖に停泊して、上陸艇に乗って3万とも4万ともいわれる全軍が、息の浜に一斉に上陸してきた。対して日本の武士団は、名乗りを上げて一騎討ちで挑んだが、蒙古の騎馬軍団は、乗馬は巧みで鎧は軽く、一騎討ちや少数突撃を繰り返す武士団を集団戦で包囲し、討ち取った。新兵器の「てつはう」が用いられると、日本の軍馬はその轟音に驚き、騎馬武者は振り落とされて討たれた。蒙古兵は倒れた軍馬の肉を喰らい、討たれた武者も肝を喰らわれ、ことごとく敗れに敗れ、武士団は大宰府前の水城まで撤退した。博多市街と筥崎宮は焼かれ、大勢が捕虜になった。

これが博多の戦いの、よく語られている一つの類型です。そのあとのことは、『八幡愚童訓』にはこのように記されています。

——当時の人々は、朝廷も幕府も含めて、神仏を信じていた。この最大の国難にあたって幕府は、全国の寺社に祈禱を命じた。すると、蒙古軍は夕刻に撤退を始め、さらに、筥崎宮から白装束の神の化身が出てきて矢を射かけたので、恐怖に駆られて敗走した。もしもこのとき、武士が一人でもいたならば、八幡大菩薩のご加護と言わず、自分の手柄のように吹聴するところであろう——。

『八幡愚童訓』は記述が具体的で臨場感があることから信憑性があるとされている一方で、最後には、寺社功徳をしっかり宣伝しています。武士が活躍して勝ったのではなく、武士は一騎討ちでなすすべもなく敗れたが、八幡神の化身が蒙古軍を退治した、というのです。ここから「神国思想」が始まり、弘安の役の台風で、それが決定的となったわけです。後世になると、さすがに「神さまのおかげ」とするわけにはいかないので「台風説」が浮上し、否定されると「威力偵察説」が提唱されて有力視されていることはすでに述べたとおりです。

いまはその部分はさておくとして、蒙古軍が息の浜に上陸したとすると、どのような問題があるのでしょうか。

『蒙古襲来絵詞』が明かす上陸地の誤り

『蒙古襲来絵詞』という史料があります。2度の元寇を戦った、肥後の御家人・竹崎季長《たけざきすえなが》が、自身の活躍を絵師に描かせた長い絵巻物で、前巻と後巻からなり、おもに前巻で文永の役、後巻で弘安の役について語られています。画像入りで元寇を記録した第一級史料とされ、その「絵七」は、歴史の教科書には必ず載っている有名な一枚です（図1－16）。ただし、欠落があって詞と絵が揃っていない、あとからの描き加えや改竄がある、などの指摘もなされています。

しかし、博多の戦いにおける竹崎季長の行軍は詳細に記されていて、当時の博多の地形、竹崎

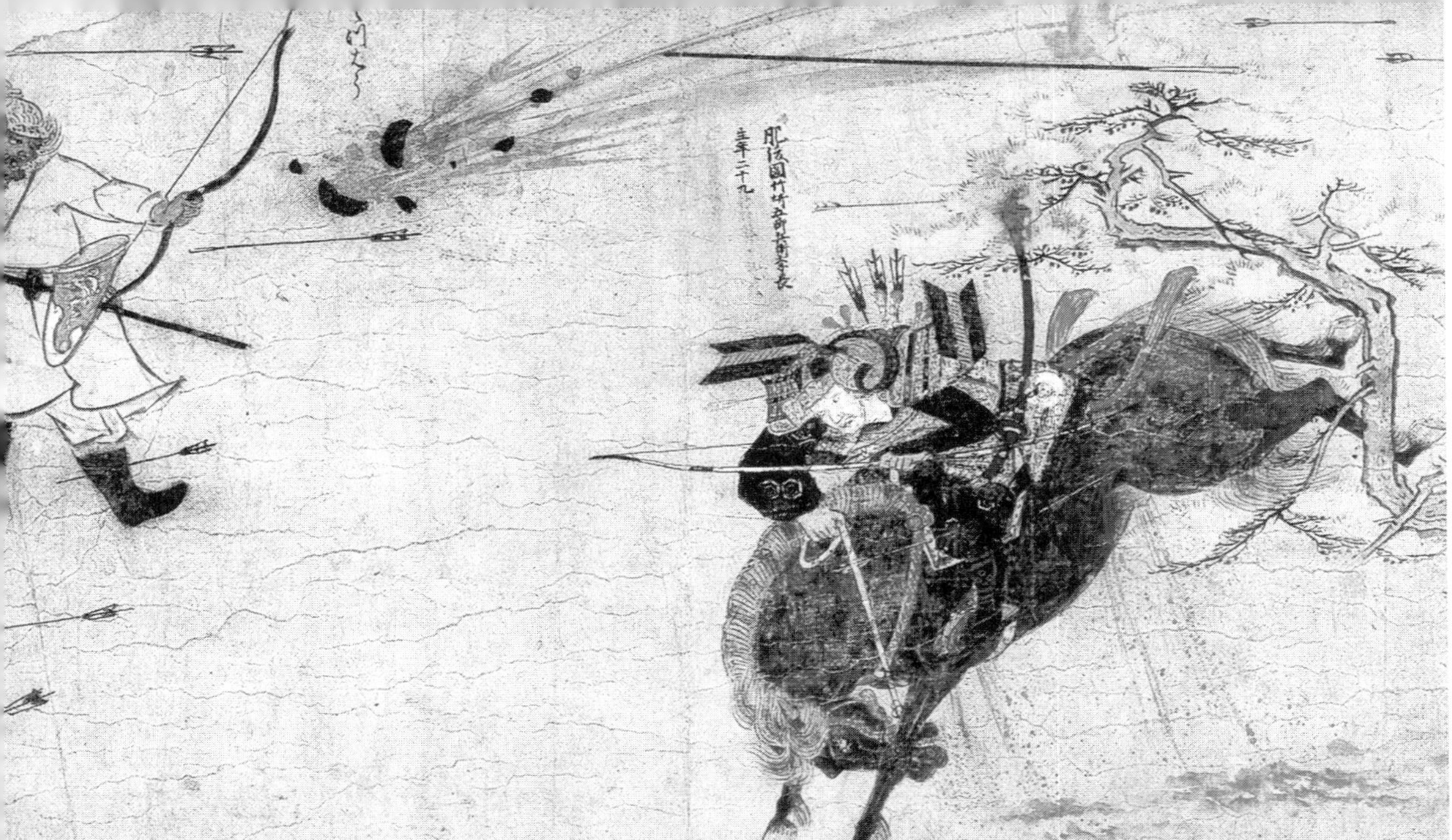

図1-16 『蒙古襲来絵詞』の絵七（三の丸尚蔵館蔵）
一騎討ちを挑んだ竹崎季長が絶体絶命の危機に陥ったところ

季長の進軍ルート、時系列の検証は可能と思われ、短期間の記録としての信頼性はかなり高いといえます。そして、これを検証すると明らかになってくることがあるのです。

では、『蒙古襲来絵詞』に描かれた竹崎季長の10月20日の行動を見てみましょう。

（1）竹崎季長は、わずか5騎のみで、筥崎に設けられた武士団の本陣に参陣しました。しかし武士団は蒙古軍を迎撃するため息の浜に集結していたため、季長も息の浜に向かい、武士団の総大将の少弐景資に見参しました。景資は「蒙古軍は赤坂（現在の福岡城付近）に陣を敷いたようだが、赤坂は馬の足場が悪いので、ここで敵が博多に寄せてくるのを待って集団騎馬で射撃せよ」と命令しましたが、功名がほしい季長は「まずは先駆けて5騎のみで赤坂の敵を討ちたい」と願い出て許され、赤坂に進軍しました。

（2）季長は赤坂に向かって進軍途中の小松原で、蒙古兵の首を貫いた太刀を持って凱旋する御家人・菊池勢と出会い、お互いに名乗りあいます。菊池勢は赤坂の蒙古軍と戦い、苦戦の末に百余騎による集団騎射突撃で、蒙古軍を鳥飼潟に追い落としてきたとのことでした。

（3）菊池勢に突撃されて鳥飼潟に逃げ込んだ蒙古軍は、小高い麁原《そはら》山という場所で、前面に竹を編んだ盾を置き、短槍、鉾を持った多数の歩兵と3騎の騎兵で、武士の攻撃に備えます。

（4）進軍してきた季長は、麁原山に陣取った蒙古軍を発見します。部下は味方がすぐ来るので待ちましょうと進言しましたが、季長は「弓箭《きゅうせん》の道、先を以て賞とす。ただ駆けよ」と叫び、5

騎で蒙古軍に突撃します。麁原山から鳥飼潟の塩屋の松あたりに下りて、合戦になると、季長の騎射が蒙古兵の顔面に命中し、蒙古軍は退却しはじめますが、季長と馬にも蒙古兵が放った矢が命中し、季長の馬は大きく跳ね、季長はいまにも振り落とされるかという危機一髪の状況となりました。これが教科書に載っている最も有名な絵七です。

（5）蒙古軍は、態勢が崩れた季長らをからめとろうとします。ところがその瞬間、右方向から別の百余騎の騎馬軍団が、砂煙と地響きを上げて蒙古軍に突撃してきました。朱や金、銀、緑、紺の色鮮やかな甲冑に身を包んだ美しい集団と見えたのも束の間、それが鎌倉武士の騎馬であると知った蒙古兵は死神の出現におののき、慌てふためいて麁原山に後退して逃げ去りました。肥前の御家人・白石勢のおかげで、季長は九死に一生を得たのでした。

このあと、蒙古軍が逃走した鳥飼潟において、最大の激戦があったとされていますが、季長は負傷したのか、文永の役での登場はここまでで、次には後巻で翌1275年に戦功直訴のために鎌倉へ赴いたあと、弘安の役での海戦の様子が描かれています。

以上を見ると、まず気づくのは、日本の武士団は決して一騎討ちに固執していたわけではなく、むしろ集団騎兵による突撃戦法を多用していたことです。一騎討ちで敗れたというのは、武士に活躍されては困る『八幡愚童訓』などの創作であった可能性があります。竹崎季長が危機に陥っている絵七ばかりが有名になっていることも、結果的に、武士が一騎討ちで戦って苦戦した

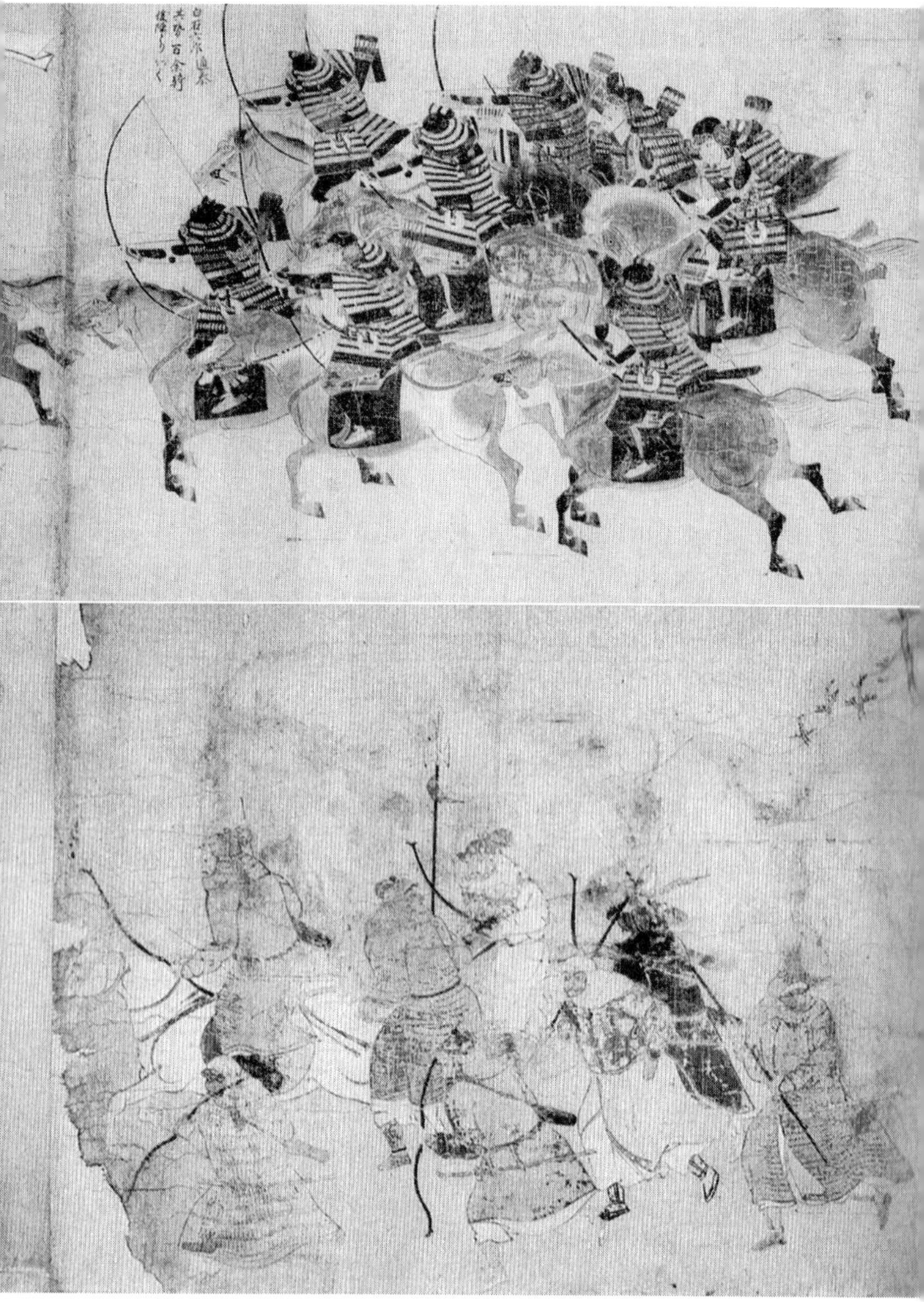

図1-17　『蒙古襲来絵詞』の絵五（上）と絵六（三の丸尚蔵館蔵）
上：白石勢が集団騎馬突撃で蒙古軍を撃破
下：騎馬武者に追われて逃げる蒙古軍

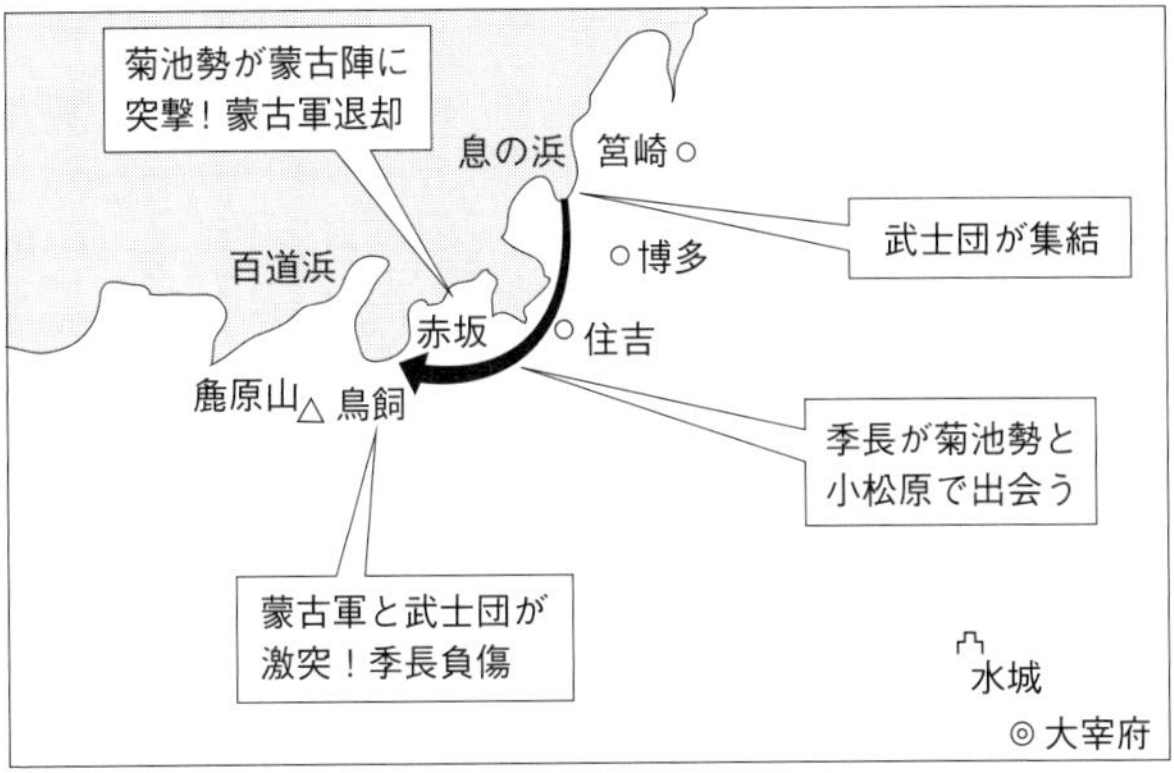

図1-18　『蒙古襲来絵詞』に記された竹崎季長の行軍経路
博多とは正反対の赤坂方面に進軍している

ことを強く印象づけているのでしょう。たとえば絵五では、季長のあとに攻め込んできた白石勢の騎馬軍団が蒙古軍を蹴散らしているのですが（図１-17）、そのことはほとんど知られていません。

さらに、奇妙なことに気づきます。もしも蒙古軍が息の浜沖から上陸していたとすれば、武士団は筥崎の本陣から移動して息の浜に集まっていたのですから、蒙古軍と遭遇していたか、少なくとも蒙古軍が近くに見えていたはずです。当然、武士たちは全力をあげて迎え撃ち、博多市街の方向へ蒙古軍が向かうのをなんとしても阻止しようとしたはずです。にもかかわらず季長は、図１-18を見ればわかるように息の浜から見て博多とは反対側の赤坂に行きたいと景資に願い出て、景資もそれを許し、季長は赤坂に進軍しているのです。これはどう考えても、理不尽なことです。

このことからみちびかれる結論は一つしかありません。蒙古軍は、息の浜には上陸していなかったのです。

従来の文永の役についての研究や文献が少なからず、蒙古軍が息の浜に上陸したとしている理由の一つには、『蒙古襲来絵詞』の冒頭に、

「息の浜に軍兵その数を知らず打ち立つ」

と書かれていることがあると思われます。この記述を、息の浜に上陸した蒙古軍のことを描写していると解釈したからなのでしょう。しかし正しくは、筥崎から息の浜へと向かった季長の目に、たくさんの武士たちが集まっている光景が見えてきたことが記されているのではないでしょうか。

博多湾東側への投錨は不可能

では、実際には蒙古軍船はどこに上陸したのでしょうか。その答えは、じつは博多湾の各地の水深を考えれば、おのずと明らかになるのです。

みなさんは、水に浮いている船は、かりに重さが1tくらいあっても、指1本で押せば簡単に動くことをご存じでしょうか？　自動車は全力で押しても一人では動かせませんが、船は極低速ならば水の抵抗は非常に小さいため、指1本の力でも、あるいはほんの少しの風や潮の流れで

も、簡単に動いて、制御できなくなり、暗礁や浅瀬に乗り上げて座礁してしまうことになります。敵地の海での座礁は「死」を意味します。したがって軍船を停泊させるときには、錨を下ろして船を固定させる投錨が最も重要です。

しかし、水深が深すぎると投錨はできません。もちろん、浅すぎると座礁します。そこで停泊する際には、慎重に水深を測り、投錨可能な見通し点を決めて投錨します。その間にも、潮の満ち引きで流れは変わりますし、風によっても船は振り回されます。大型軍船を投錨すると錨や索が絡むので、広い海面も必要です。

船舶設計の専門家として、また、船やヨットの操縦経験をもつ者として言いますと、現代のハイテク機器、たとえばレーダーや海図付きGPSプロッター、オートパイロット、そして魚探装備プロペラを２基つけた、きわめて操縦性の高い小型船であっても、初めての港では接岸や投錨には細心の注意が必要です。浅瀬にプロペラや舵が当たってしまったり、ロープが絡まったりするという事故は、結構あるものです。まして、ハイテク機器どころか海図も灯台もない初入湾の敵地に鈍重な大型軍船が３００隻も投錨するなどは、至難の業ともいえます。

では、当時の蒙古軍は博多湾のどこに投錨すべきでしょうか。図１‐19は１８９４（明治27）年に測量された博多湾の海図（海上保安庁海洋情報資料館）をもとに、泥の堆積や現存している防塁の位置なども考慮して、元寇当時の博多湾の水深を示したものです。これを見れば、息の浜

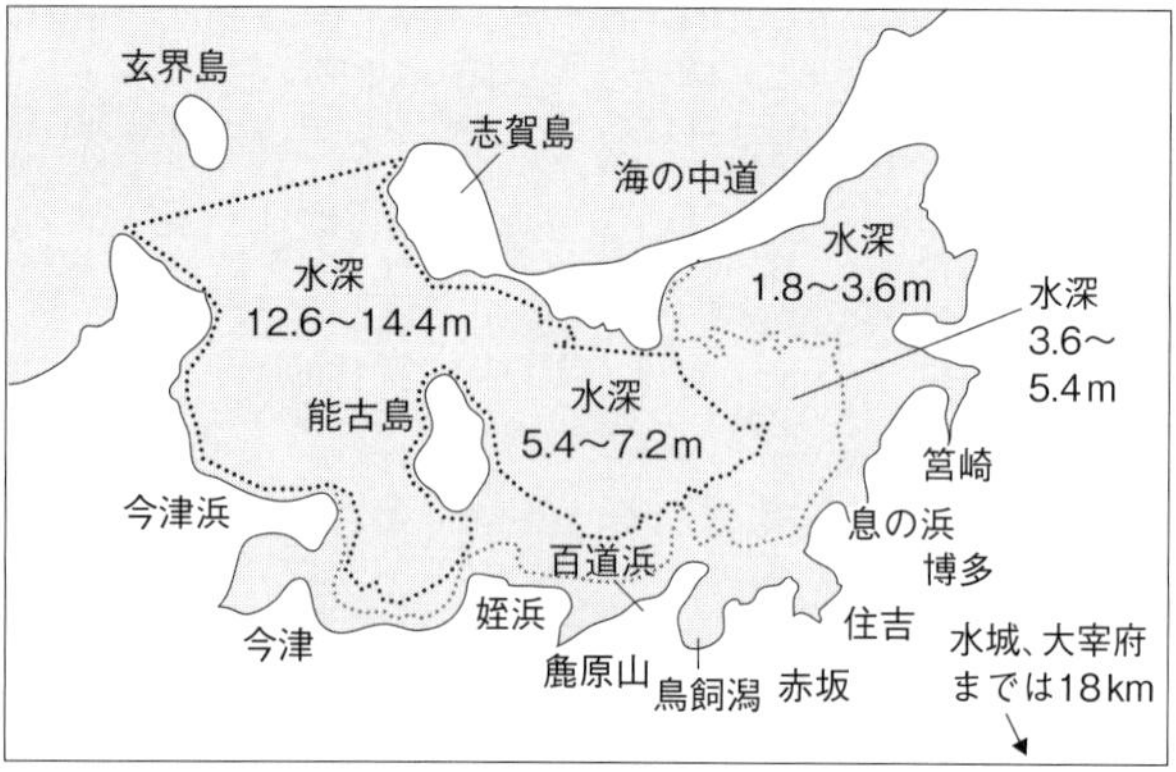

図1-19　元寇当時の博多湾の水深
1894年の海図をもとに作成

や筥崎に続く博多湾の東側は、一様に水深が浅いことがわかります。大型船が入湾し、投錨するにはかなり不安があるレベルの浅さです。しかも、西側から入ってくると、百道《ももち》浜《はま》の海側に突き出した地形の先端から東にかけては浅瀬や岩礁が多くなり、異国から来た船が初めて航行するには大きな危険をともないます。したがって蒙古艦隊の主力は、博多湾の西側、水深の深い今津を経て侵入し、おもに百道浜の沖に投錨したと考えられます。

博多湾の特徴として、志賀島と九州本土を結ぶ「海の中道」と呼ばれる砂州があります。玄界灘からの強い季節風と波浪によって、この砂州は浸食されて南進し、過去５０００年間に５００ｍも南に移動しました。そのために博多湾の東側は浅くなっているのです（下村正一『北部九州における縄文海進以降の海岸線と地盤変動傾向』）。また、博多市街に面する沖も、川が流れ込んでいるため堆積物によって浅くなっています。江戸時代、博多の5大廻船問屋がすべて博多湾の西側の能古島と今津にあったことからも、博多湾の東側は水深が浅く、大型船は停泊できなかったと考えられます。

実際に、文永の役より前に6回訪れた元の使節も、すべて西側の今津港に投錨していました。したがって文永の役でも当然ながら、水深や潮流を熟知している西側の今津湾を経由して百道浜沖に侵入したはずです。あえて初めての東側に投錨するような危険は、いくら日本を侮っていたとしても冒すはずがないのです。

なお、文永の役の当時は、地球全体が小氷期と呼ばれる寒冷期に向かいはじめたころで、海面がまだ後退前だったため、海岸線は現在より200mほど陸側にあったことがわかっています。これは弘安の役の前に蒙古対策として築かれた防塁の位置とも一致しています。百道浜の海岸線は、ほぼ西新小学校のあたりだったと考えられます（図1-20）。

以上のように、蒙古軍の上陸地点が息の浜ではなかったとすると、文永の役の全容も、まったく異なった様相を呈してきます。筥崎宮は炎上したものの、博多の街は炎上しなかった可能性が高いのです（そもそも博多の街では歴史上、幾度も大きな火事が起こっていて、発掘からはどの時代の火事か判別が難しいようです）。

博多湾の西側の今津から百道浜に上陸した蒙古軍が、待ち構えた武士団と戦いながら進軍する

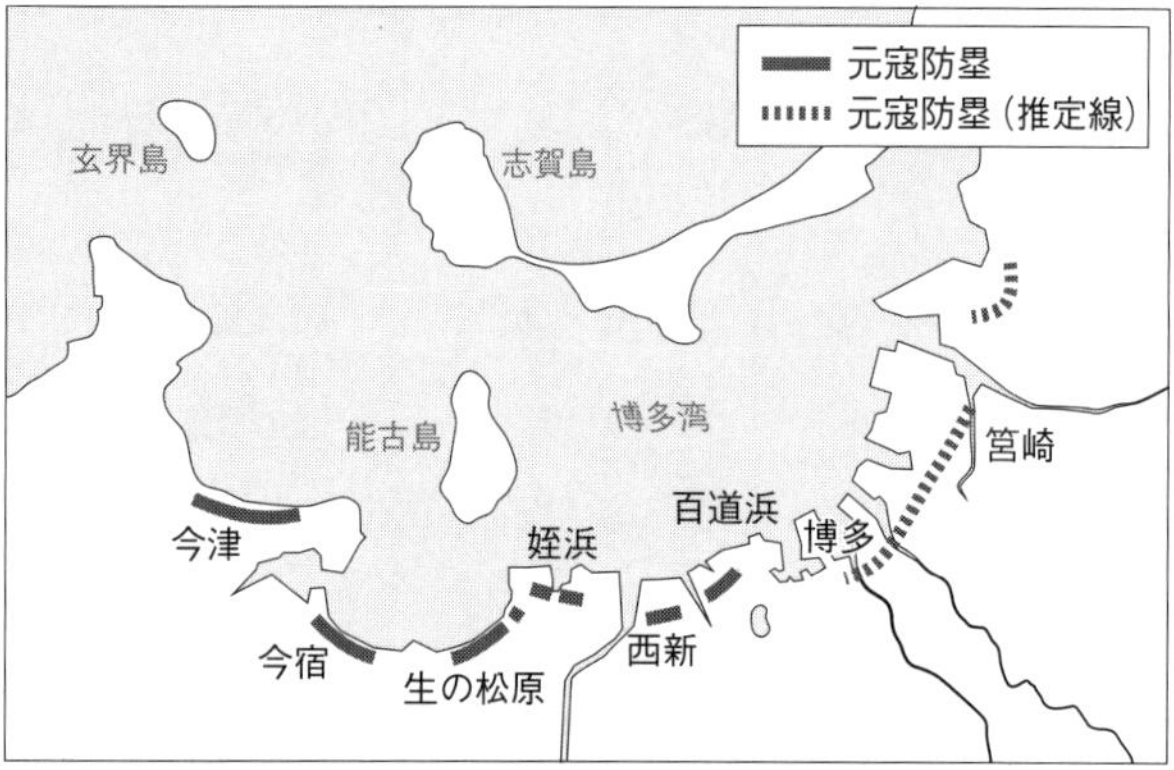

図1-20　元寇当時の博多湾の海岸線

場合、地理的に見て、筥崎宮や博多市街にまでその日のうちに進出することは、とうてい不可能です。あえて可能性を考えるなら、百道浜沖に軍船が投錨したあと、上陸艇に乗り換えて筥崎や息の浜に上陸し、筥崎宮を焼くことで日本武士に精神的な打撃を与えようとしたことはあったかもしれませんが、上陸艇に乗れる人数や速度を考えると大軍の動員は不可能であり、戦況に影響を与えるような作戦行動にはほど遠かったと思われます。

武士団に加わった御家人は、肥前の福田兼重、豊後の日田永基ら多くが、戦った記録を家伝として残していますが、それらを見ても『蒙古襲来絵詞』と同様、赤坂や鳥飼潟などでの戦いのみで、筥崎宮や博多市街で戦った記述は見当たりません。息の浜や筥崎に上陸した蒙古軍に博多市街を焼かれ、武士団は水城まで撤退したと『八幡愚童訓』にはありますが、水城は筥崎宮から18㎞も離れていて、武士団がそのような遠くに撤退することも考えられません。
このように蒙古軍の息の浜上陸から博多炎上までのストーリーは、博多の地理と照らし合わせれば、あらゆる点で整合性がないことばかりなのです。

蒙古軍は全軍上陸していなかった

旧暦10月19日から翌20日にかけての、蒙古軍の博多湾侵入、投錨、上陸までの経緯を合理的に推定してみると、以下のようなタイムテーブルになります。

19日　午後2～3時　玄界島の東水道を通って博多湾に侵入、今津浜の手前で縮帆し、櫓で10㎞先の今津浜沖に進む
　　　午後6時までに300隻が今津浜沖に投錨し、仮泊
20日　午前零時ごろ　月が上がり夜間視界ができると、櫓で今津浜、姪浜《めいのはま》、百道浜に進む
　　　午前4～5時　百道浜沖に到着し、投錨
　　　午前6時　百道浜から上陸を開始

当日は満月から4日後で月の出がかなり遅い「寝待月」ころです。対馬海峡、博多湾、沖縄で夜間航海の経験があるヨット乗りの友人に確認したところ、それでも半月よりは大きいので、快

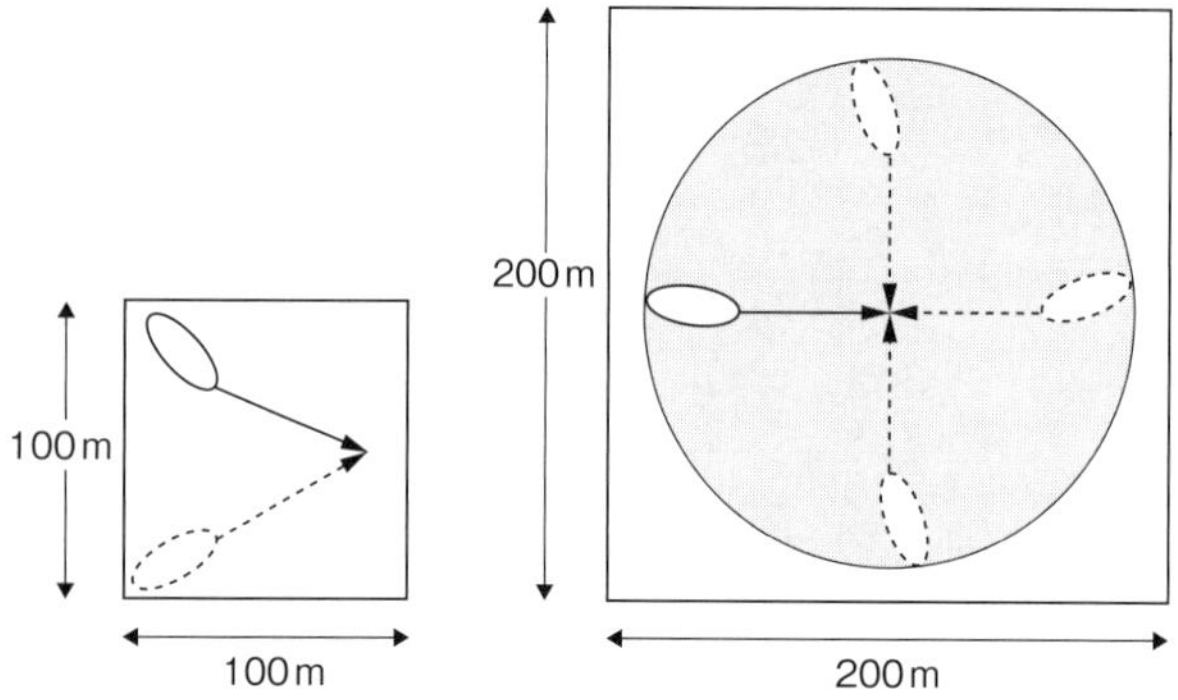

図1-21　蒙古軍船1隻当たりの投錨に必要な面積

晴なら月が上った午前零時以降は島影が判別でき、なんとか入港は可能とのことでした。博多湾に侵入した蒙古軍の主力は、百道浜の、現在のドーム球場（福岡PayPayドーム）に近いところに、水深の関係で陸からは約1km離れて投錨したと考えられます。

さきほども述べたように、停泊中の船は風や波によって大きく動きます。そのため、通常は船首から投錨した錨を中心にして360度の振れ回りが可能になるようにします（図1-21右）。軍船がすべて同じ方向に向くと仮定して、蒙古軍船の大きさでは1隻につき理想的には200m四方の面積がほしいところです。それは無理でも100m四方は必要です（図1-21左）。

かりに、最低面積の100m四方をとり、海岸に平行に10隻を横に並べて奥行きを5列とし、50隻の軍船を一つの船団とみた場合、海岸に平行に幅1km×奥行

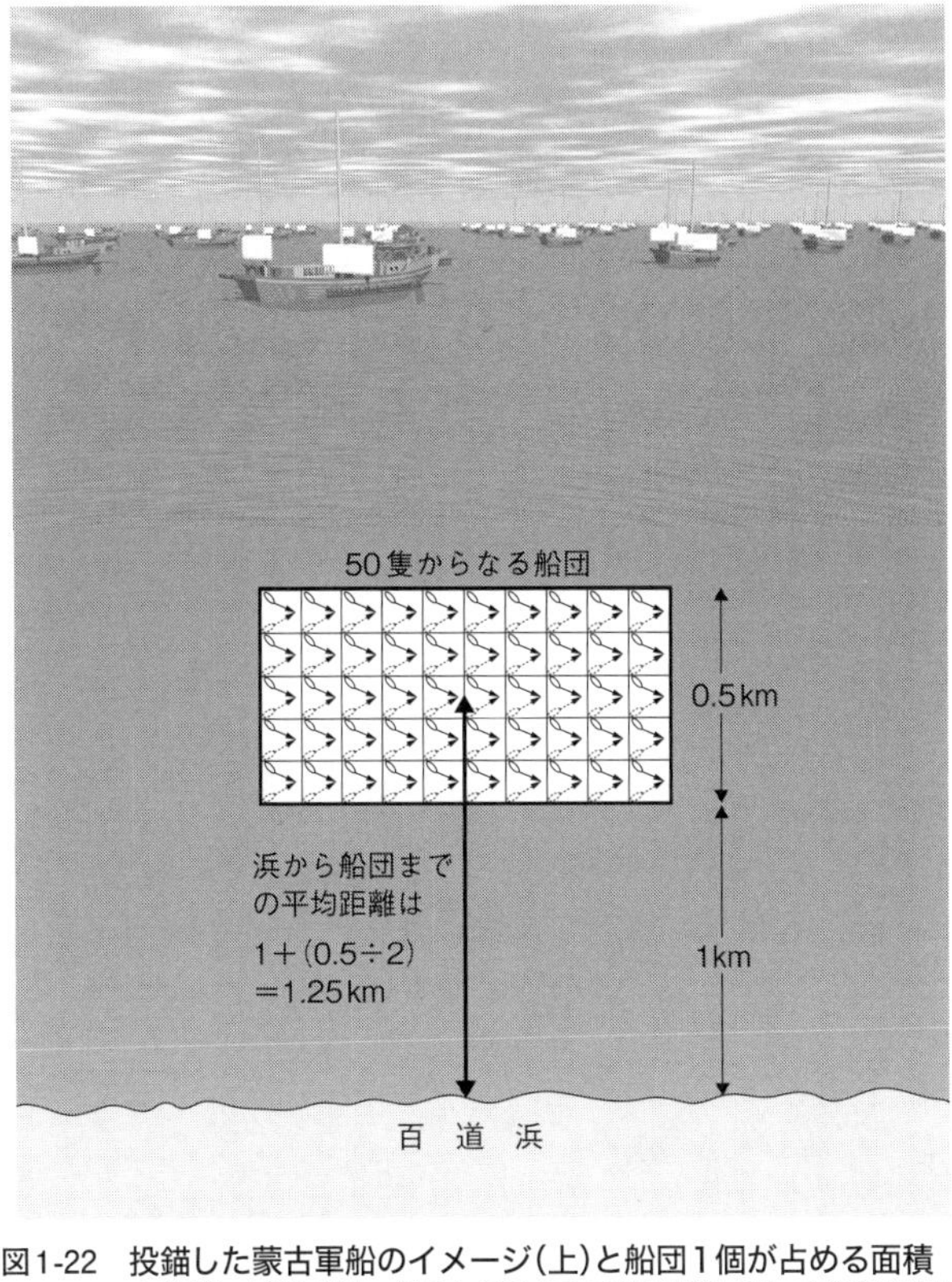

図1-22　投錨した蒙古軍船のイメージ(上)と船団１個が占める面積
上陸艇と水汲み艇は、船団から浜までの平均距離1.25kmの往復を繰り返して、兵士や軍馬、武器、食料、水などを運ぶ
(CG制作は筆者)

き0・5㎞の面積をとります（図1－22）。計300隻ですからこの船団6個が百道浜沖をはじめとする博多湾の西側に投錨したと推定できます。陸までの距離は、近すぎると浅くて危険なので1㎞は必要です。上陸するには、これに奥行き方向を移動した距離の合計を、上陸艇や水汲み艇が何度も往復して進めていかなくてはなりません。

上陸艇の大きさは『蒙古襲来絵詞』に描かれているものから推定すると、兵士12名、兵站兵2名、櫓か櫂の漕ぎ手4名、舵取り1名の最大19名乗りで、長さ約9m、幅1・5mほどとみられます。空船重量は約0・7～0・9tと、小型乗用車くらいの重さがあったと考えられます。これを人手で船上を動かし、舷側から3mほど下の海上に降ろすのは難しく危険なので、現代では懸吊のためのダビット（簡易クレーン状の構造）とウインチを使用していますが、かなりの重労働です。『蒙古襲来絵詞』の蒙古軍船にも、船首に突起があることから、これが錨を上下するダビットで、人力の巻き取り機で投錨・揚錨し、上陸艇や水汲み艇も人力で揚げ降ろししていたと推定されます。

さて、こうして300隻の軍船の上陸艇をすべて海に降ろしてから、ようやく上陸の作業が始まります。上陸艇に兵士を乗せ、水汲み艇に軍馬、武器、食料、水などを載せて上陸し、進軍の足場となる橋頭堡《きょうとうほ》を確保し、また軍船に戻って次の兵士と物資を積んで……という往復を繰り返さなくてはなりません。物資の量はどのくらいだったかを試算すると、かりに一個大隊規模の兵士400人が2日間、進攻する場合、標準的な兵站では食料は1・4t、水は1・6tが必要とされています。それをあてはめると、蒙古軍約2万6000人は400人の65倍なので、食料は91t、水は104・6tとなり、さしあたり荷降ろしする2日分の合計で200t近くになります。また、軍馬は前述したように、軍船1隻当たり5頭でした。

では、上陸艇でこれだけの兵と物資を輸送するのには、どれだけの時間がかかるのかを考えてみましょう。

まず、上陸艇が往復する船団と浜の間の距離はどのくらいなのかを求めます。図1－22に示したように、船団の1列目（いちばん浜に近い列）から浜までは、安全を期して1kmの距離をとっています。船団を通り抜けるために進む距離は、1列目から最も遠い5列目までが0・5kmなので、平均をとって0・25kmとします。したがって上陸艇は片道が平均で約1・25km、往復では平均で約2・5kmの距離を走ると考えられます。

次に、上陸艇が1往復するのにかかる時間を計算します。往路では1隻に12人の兵士を乗せるので復路よりスピードが落ちることも考慮し、往復の平均の速さを時速4kmと想定します。すると往復の航行時間は、2・5（km）÷4（時速）＝0・63（時間）で、約38分となります。また、兵士の乗り降り、荷物の積み降ろしに各5分、合計20分はかかると見積もります。結局、38＋20＝58（分）となるので、上陸艇の往復にかかる時間は平均でほぼ1時間とみなせます。

この設定で、できるだけ多くの上陸艇を動かせるようシミュレーションしながら、上陸艇が兵士全員を上陸させるには何往復が必要か計算してみたところ、10往復という結果が出ました。つまり、すべての兵士が上陸するには、約1時間×10＝約10時間かかることになります。

では、軍船1隻当たり5頭の軍馬はどうでしょうか。馬は水汲み艇1隻につき、1頭ずつ載せて運びます。狭い柵に押し込めて、そこからまた降ろすのにはかなり手間取るので、1往復に2時間はかかりそうです。つまり、軍馬をすべて降ろすには単純計算で10時間かかります。急いで一度に複数を上陸させるのは、浜で馬を受け入れる人数も必要なので大変と思われます。

結論として、蒙古軍が百道浜に全軍を上陸させるには、2万6000人の兵士が約10時間、7000～10000頭の軍馬もやはり約10時間かかりそうであることがわかりました。

さきほど示した博多湾侵入から上陸までのタイムテーブルでは、上陸開始は旧暦10月20日の午前6時ですから、すべてが終わる時刻は単純計算では午後4時となってしまいます。この季節では、もう暗くなりはじめているはずです。

しかも、この見積もりは、積み下ろしの作業だけに専念することができる状況でのものです。実際には、日本の武士団はすでに迎撃態勢を整えつつありました。そのようななかでの敵前上陸ですから、非常に神経をつかわなくてはなりません。そのうえ多くの兵士が船酔いのために体力が弱っていたとあれば、なおさら作業は滞るでしょう。

もちろん進軍は夕方まで待つわけにはいかず、午前6時ころに揚陸した第1陣からすぐに出発させたいのですが、蒙古軍の部隊は軍船単位で編制されていましたので、部隊の全員と軍馬が完全にそろうまでには、やはり平均で約10時間かかってしまいます。そこで、他船の部隊が揚陸するたびに、兵士、軍馬、物資を再編成する必要がありました。しかし、広い砂浜で、せいぜい旗と銅鑼や太鼓程度の通信手段で部隊を再編成するのは、よほど訓練していなければ非常に時間がかかったと思われます。上陸してから進軍開始までには1時間以上はかかったのではないでしょうか。

結論として、蒙古軍はこの日のうちに全軍を上陸、進軍させることはできなかったと考えられます。少なくとも、従来の通説のように、蒙古軍は早朝に侵入するや全員が上陸し、すぐさま武士たちと戦って集団戦で殲滅した、というストーリーがいかに非現実的であるかはおわかりいただけるのではないでしょうか。

上陸戦は失敗していた

では、百道浜に上陸した蒙古軍と、鎌倉武士団との戦いは、実際にはどのようなものだったのでしょうか。

午前6時に上陸を開始した蒙古軍の第1陣は、百道浜に橋頭堡を築きながら、7時すぎにはとりあえず、最も浜に近い船団が上陸して進軍を開始したと思われます。対して迎え撃つ武士団は、蒙古軍は大宰府の制圧をめざしてくるものと予想し、大宰府に通じる博多市街に近い筥崎に本陣を置きました。そのため、蒙古軍が上陸した百道浜には、武士団は鎮西御家人の小部隊しか配置されず手薄な状態でした。鎮西御家人は蒙古軍の上陸を阻止すべく奮戦しましたが、少数突撃の作戦をとったために、蒙古軍の集団戦と「てつはう」などの新兵器に敗れました。『八幡愚童訓』などにある、武士団が一騎討ちで戦い、蒙古軍の集団戦に敗れたという記述は、このときの負け戦の場面を表していると考えられます。

第2陣の上陸は早くとも上陸艇の往復時間である1時間後となるので、蒙古軍の第1陣はその到着を待たずそのまま、兵士600名と兵站兵100名という、船団50隻の上陸艇1往復分の陣容で、高台の赤坂をめざして進攻したと思われます。途中、地元の武士団が御家人単位での少数突撃を繰り返しましたが、「てつはう」と100人単位の集団戦で囲い込んで殲滅し、赤坂に陣を敷いたのが午前8時半ころと思われます。

ところが、現地の武士団がなすすべもなく敗れたという情報が息の浜に集結していた武士団に届いたことで、息の浜から菊池勢100騎余り（あるいは詫磨《たくま》勢100騎余りも加勢？）が出撃し、集団騎馬戦術で赤坂の蒙古軍陣地へ突入、陣立てを破り、追い物射《おものい》と呼ばれる集団騎射で、蒙古歩兵を次々と射倒しました。この重量級の集団突撃は蒙古歩兵から見ると恐怖以外のなにも

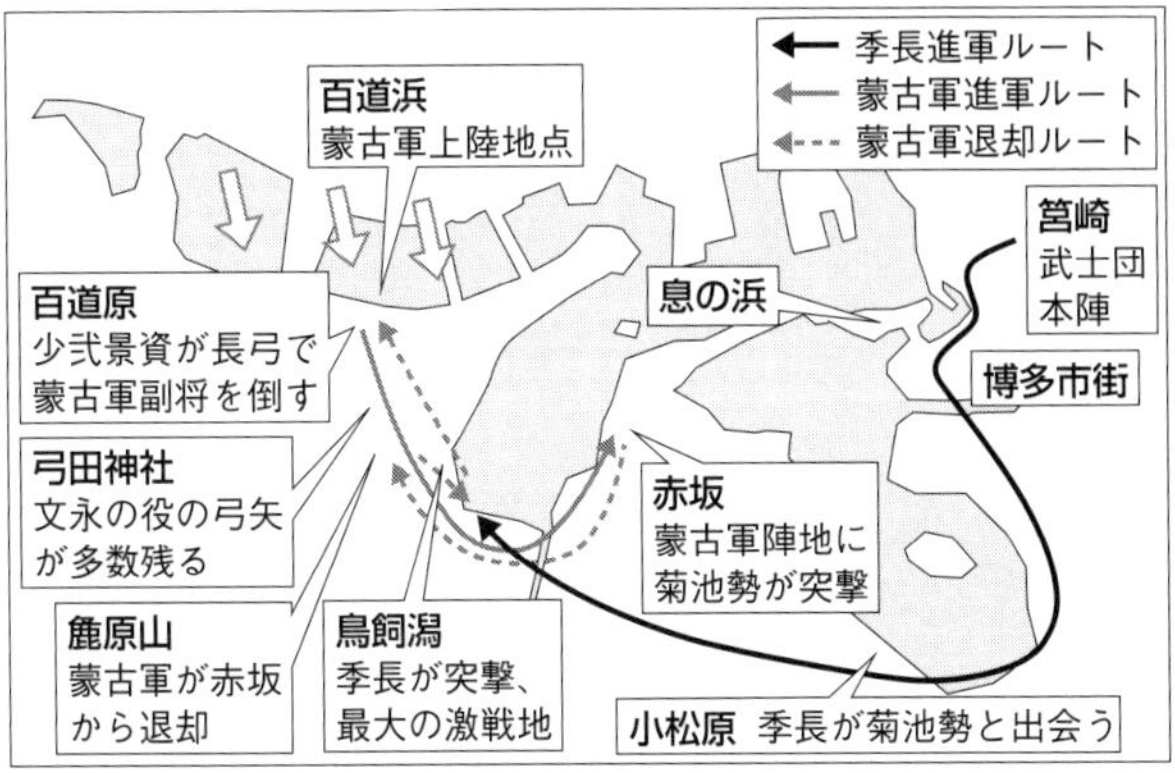

図1-23　蒙古軍と武士団の交戦推定図

のでもなく、蒙古軍は赤坂の陣を捨てて鳥飼潟や、やや小高い麁原山に軍を引きます。竹崎季長はここで蒙古軍と交戦し、窮地に陥ったわけです。

図1-23は、百道浜に蒙古軍が上陸してから武士団と交戦した博多の戦いの実際の経緯を推定した図です。

竹崎季長がわずか5騎で蒙古軍に突撃した鳥飼潟の塩屋の松付近は、当時は塩田があり、潮の満ち引きがある場所でした。当日の博多湾東浜は朝6時40分ころが干潮、13時ころが満潮で、潮位差は1mありました。両軍が増員されて激戦になったとみられる午前9時ころは、潮が満ちはじめて足場が悪くなり、蒙古得意の集団戦は難しくなってきていたと思われます。したがって矢戦に続いて白兵戦の打ち物戦となったと推定されますが、そうなると短槍や短い諸刃剣で戦う蒙古軍よりも、日本刀と長刀、大鎧を装備した武士団のほうが有利と思われます。

足場の悪い干潟で武士団の集団騎馬突撃が可能だったかは定かではありませんが、長距離を突撃するわけではなく、せいぜい２００ｍくらいなので、蒙古軍の陣立てを破ることは可能だったとみられます。騎馬と歩兵では戦闘力が８～38倍の差があるため、蒙古歩兵６００人に対し武士団騎馬１００騎余ならば、騎馬が有利です。

午前10時の時点で揚陸数はおそらく3往復ほどで、兵士と兵站の３分の１程度しか上陸できていなかった蒙古軍は、多数の死傷者を出したうえに、11時ころには潮がさらに満ちて干潟も狭くなり、百道浜に退却せざるをえなくなったと考えられます。もちろん蒙古軍も、上陸が完了するごとに浜から駆けつけはするのですが、そうした少しずつの増援は兵力の逐次投入と呼ばれ、軍事上は最も避けるべき戦い方とされています。

さらに蒙古軍は、兵站の面でも失敗していたと考えられます。文永の役の記録には、蒙古兵が射殺された軍馬を戦いのさなかに食したとか、壱岐では牛馬のほとんどを食い尽くしたなどの記述がみられますが、多少の誇張はあるにしても、戦の最中に射殺した軍馬を生のまま食べるという話は創作の域を超えているように思われます。蒙古兵はかなりの空腹だったのではないでしょうか。もともと現地調達するつもりで食料を十分には積んでこなかったうえ、上陸作戦中に武士団に攻撃され、兵站輸送が機能しなかった可能性が大きいと思います。

飲料水にしても、上陸地は百道浜の砂浜で、主戦場である鳥飼潟付近にも清水はなく、姪浜に流れ込む室見川から清水を甕に入れて汲んでくるしかありませんでした。

このように蒙古軍2万6000人は、水と食料の十分な供給が受けられず、敵前上陸にあたっても満足に戦えなかった可能性があるのです。

百道浜では、逃げ帰った蒙古兵と上陸してきた部隊とが錯綜して、大混乱になったと思われます。そのなかで追撃してきた武士団との矢戦や白兵戦となり、武士団にも大きな被害が出ましたが、少弐景資の長弓での一撃が、元軍の左副元帥・劉復亨を倒し、劉は担がれて船に撤退しました。しかし午後3時ころ、矢や武器、水、食料が尽きたため、武士団も補給のために兵を引いたと考えられます。そして、それを見た蒙古軍も、これ幸いとばかり、あわてて武器、軍馬、戦死者をそのままにして、船に逃げ帰ったと思われます。つまり蒙古軍の上陸戦は、ほとんど最初の段階で、失敗していたのです。

騎馬集団は蒙古陣を突破したのか

当時の鎌倉武士団の戦闘力は、実際のところ、どれくらいだったのでしょうか。まずは、よくいわれている一騎討ちの有無についてみていきます。平安時代の戦いにはたしかに作法があり、連絡状を交わし、お互いに名乗ってから矢合わせ、一騎討ちが行われていました。鎌倉時代でも武士団どうしの私闘では一騎討ちもあったらしく、これらから蒙古襲来においても「一騎討ち伝説」が創られたと思われます。しかし近年の研究では、鎌倉時代でもじつは一騎討ちなどは稀であり、ほとんどが集団で戦っていることが明らかになってきているようです。

鎌倉時代の戦いの主体は御家人単位の集まりで、騎馬武者、戦闘員としての郎党、そして兵站担当の郎党がそれぞれ3分の1ずつの比率であったと推定されます。矢戦から始まり、集団騎馬武者の騎射戦闘から、決着がつかないときは騎兵、歩兵郎党を含めた長刀や日本刀による白兵戦に移行しました。当時の戦いの記録は、戦闘に参加した人数は騎馬武者の数しか記されませんでした。鎌倉時代後期には戦闘に参加する郎党がしだいに増加していき、やがて戦国時代になると歩兵の長槍部隊や鉄砲隊が前面で戦うようになり、記録にもそれらの総勢が記されるようになりました。

では、鎌倉時代の騎馬武者たちが、蒙古軍が赤坂に敷いた陣地に100騎余りの集団突撃をかけたとき、『蒙古襲来絵詞』にあるような突破は本当に可能だったのかを検証してみます。

具体的には、蒙古軍陣地の弓兵数と、矢の発射速度と命中確率、武士団の集団騎馬数、突撃時の距離と速度と、矢の発射速度と命中確率を仮定して、突撃によって蒙古歩兵がどれだけの被害をうけるか、武士団がどれだけ損傷するかを算出して、突破可能かどうかを検証しました。

赤坂の蒙古兵を600名、陣地幅を130mとし、弓兵は25%として、75名が9秒毎に矢を射

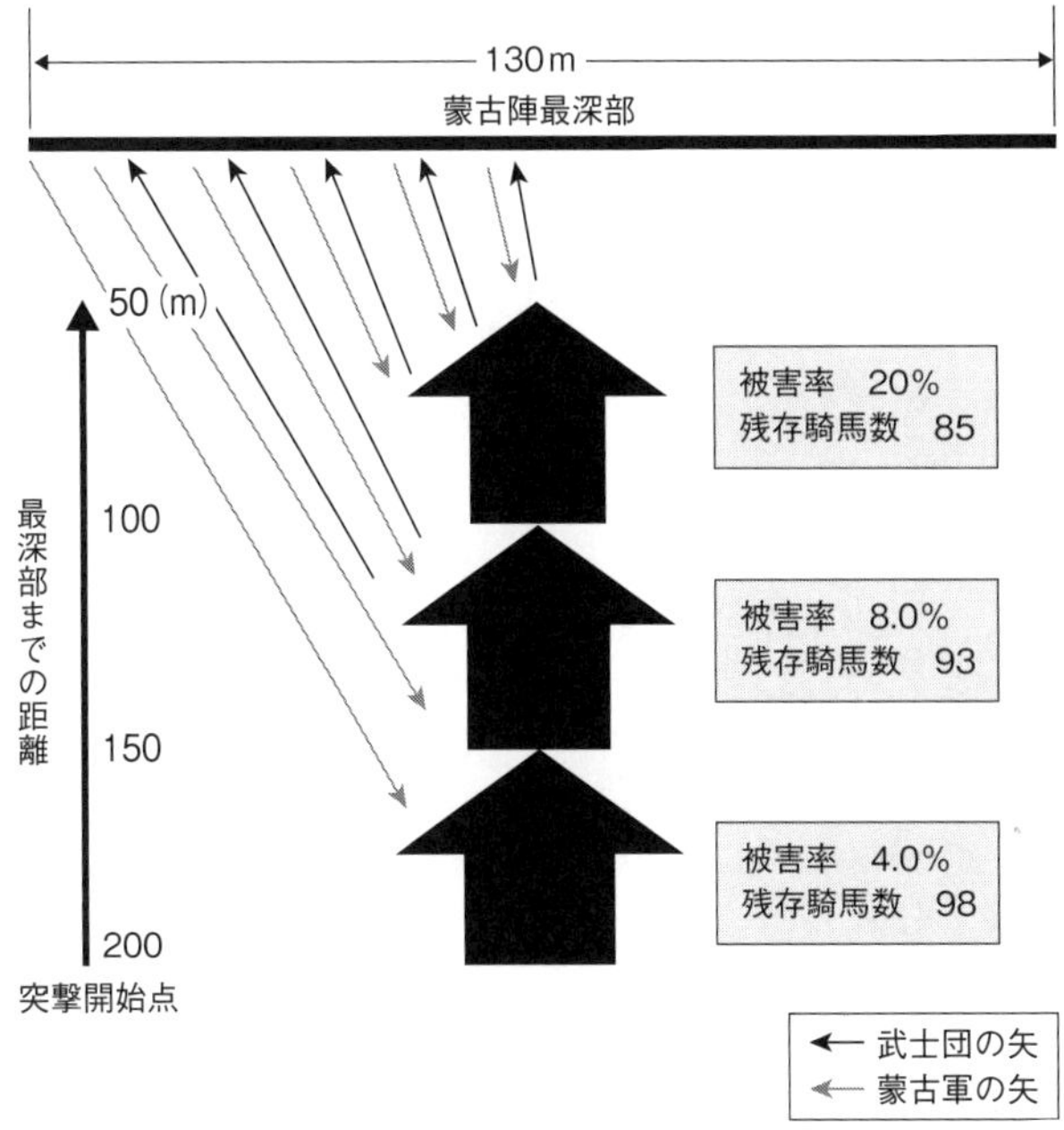

図1-24　赤坂の蒙古陣に突撃した日本武士の被害率

るものと推定します。武士団は左手には弓、右手には矢を構えて、鐙と膝で体勢を保ち、流鏑馬《やぶさめ》のような形で蒙古軍陣地に突撃したものとします。

この想定で武士団の被害率を算出してみたのが図1－24です。突撃開始地点を蒙古陣地の最深部から200mの地点とし、200～150m、150m～100m、100m～50mと、3段階で被害率を計算しました。100m地点までは、蒙古兵は矢を上に向けて打ち、落下する矢で損傷を与えるため、高速で接近中の騎馬隊には当たりにくく、被害率は低くなります。しかし、最深部から50mのところまで接近すると、矢は正面や側面からまっすぐに飛んでくるので、被害率は高くなります。

その一方で、突入から50mラインに接近されるまではあっという間であり、蒙古兵は恐怖にかられて左右に分かれ逃げはじめると思われますので、100m～50mは蒙古兵の矢の発射数は2分の1程度となると考えられます。

以上から、この突撃シミュレーションでは武士団は93騎から86騎ほどを残存させて、蒙古陣を突破している可能性が高いという結論が得られました。とはいえ、この残存数は被害率でいえば7～14％であり、大きな犠牲といえます。武士団にとっても、苦戦であったといえるでしょう。

ランチェスターの法則から見た蒙古軍vs武士団

ところで、みなさんは「ランチェスターの法則」というものをご存じでしょうか。第一次世界大戦のころのイギリスの航空エンジニアだったフレデリック・ランチェスターが、空中戦の結果を分析して兵力差と損害率の関係を法則化し、それにもとづいて状況ごとの戦略を最適化したものです。第二次世界大戦ではアメリカ軍がこれを応用して、日本軍にいかに打撃を与えるかを計算して大きな成果を上げました。現在では経営戦略としても重要視され、多くの企業が採用していることでよく知られるようになっています。

ここでは試みに、蒙古軍と武士団の戦いをランチェスターの法則の視点から見てみようと思います。ランチェスターの法則には第一法則と第二法則があり、第一法則は「弱者の戦略」、第二法則は「強者の戦略」ともいわれています。

(1) ランチェスターの第一法則

第一法則は、兵士一人が敵の兵士一人と戦う、いわば「一騎討ち型」での法則です。勝敗は兵士の総数と武器効率(武器の性能)との掛け算で決まり、武器効率が同じなら、総兵数がたとえば蒙古5名、武士3名なら一騎討ちの結果、蒙古3名、武士3名の死者が出て、蒙古が2名残るので蒙古が勝利すると考えます。総兵数が同じで、武器の性能が蒙古1、武士2の場合は、蒙古は1×5で5であるのに対し、武士は3×2で6になるので、武士の勝利となります。少数側は武器性能を上げるか、奇襲作戦などで相手を分断して兵数を削ることで、一騎討ちでの不利を覆すことが可能となるので、「弱者の戦略」といわれているのです。

(2) ランチェスターの第二法則

第二法則は、味方が受ける被害から考える戦略です。総兵数をやはり蒙古5、武士3として、武器効率が同じ場合、蒙古1名が受ける攻撃は5分の1に分散され、武士1名が受ける攻撃は3分の1に分散されます。つまり、

蒙古の被害は、3×1(武士の攻撃)÷5=3/5

武士の被害は、5×1(蒙古の攻撃)÷3=5/3

となり、被害の比は3/5:5/3=9:25となります。つまり兵数の2乗に比例するので第一法則よりも大きな差がついて蒙古勝利となります。第二法則は人数が多いほうがそのメリットを生かせるため「強者の戦略」とも呼ばれ、兵が少数の弱者は用いてはいけない戦略とされています。

では、蒙古軍と武士団が激突した博多の戦いを、ランチェスターの法則から見てみましょう。まず、双方の総兵数は次のように見積もることにします。

蒙古5000:武士2000

ただし内訳は、蒙古は歩兵5000、対して武士は騎馬1000、郎党1000です。

次に、武器効率の設定が必要になります。まず蒙古や武士の歩兵の武器効率を1としたとき、

武士の騎馬は歩兵より速度が4倍速いと想定して、武器効率を4とします。すると武士全体の武器効率は、歩兵1×0・5＋騎馬4×0・5＝2・5となります。

結局、両軍の戦力はこうなります。

〈総兵数〉　蒙古50000：武士2000

〈武器効率〉蒙古1：武士2・5

〈総兵数×武器効率〉蒙古50000：武士5000

このように、兵数で劣る武士団は、武器効率を上げるという「弱者の戦略」を採ることが必然となってくるわけです。

かりに「強者の戦略」である第二法則を武士団が採用した場合は、

〈蒙古の被害〉2000×1÷50000＝0・4

〈武士の被害〉5000×1÷2000＝2・5

となり、両軍の被害に6倍以上もの差がつくことになります。少数側が無策な集団戦に臨むことは、圧倒的に不利なのです。2000人の日本武士団は集団騎馬突撃で武器効率を上げるという第一法則にもとづいた戦略で戦ったことで、歩兵5000人の蒙古軍と互角に対抗しました。ランチェスター第一法則シミュレーションでは、蒙古軍の死者は半数の2500人にのぼり壊滅状態、日本武士団も半数の1000人を失いましたが、騎馬は740騎が残存という結果が出ました。日本側の文献では、武士の死者約200人、郎党数知れずとありますので、ほぼこれに近い数字となります。

日本の武器は蒙古軍と互角だったか

いまの試算では、武器効率は日本の騎馬の点数のみを4点と高く評価し、ほかは横並びの1点としました。しかし、蒙古軍には「てつはう」などの新兵器もあり、武器効率ではむしろ上回っていたのではないかと疑問をもたれる方もいるかと思います。そこで、日本の武士団と蒙古軍の武器の性能を比較してみることにします。

(1) 和弓と蒙古短弓の飛距離比較

日本の和弓は、蒙古弓に比べて飛距離が短いとする説が散見されます。本当のところはどうなのか、検証してみましょう。一般的に、弓矢の飛距離は、以下のように決まります。

まず、弓の構造と、引く力と、引く長さによって、弾性エネルギーと初速が決まります。

そして、初速と仰角で、飛距離が決まります。

そこで、アーチェリー、蒙古短弓、和弓について、それらの数値にもとづいて飛距離を試算してみました(図1-25)。

その結果、和弓は引く力は3種類の弓の中で最小でした。これは、引く力は弓の厚さの2乗に

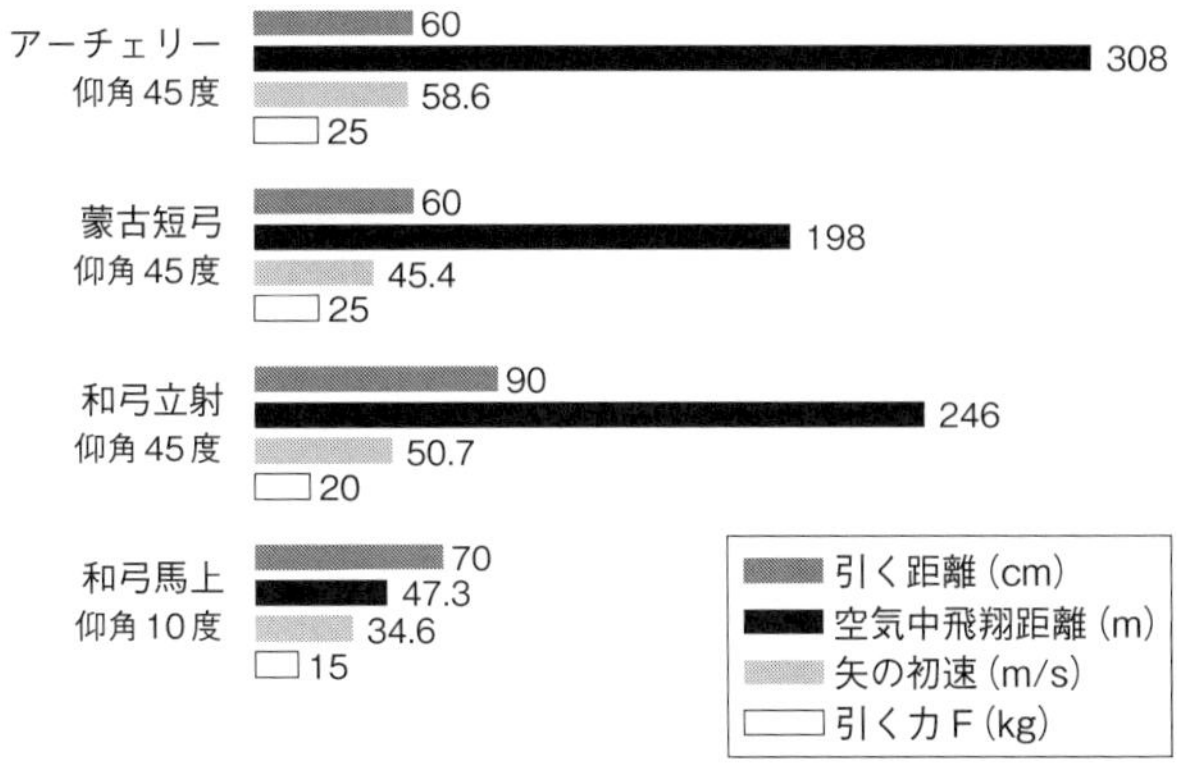

図1-25　アーチェリー、蒙古短弓、和弓の飛距離比較

比例しますが、和弓は厚さが非常に薄いからです。しかし、弓の長さが3種類の中で最長であることから、引く距離は逆に最大となります。結果として、仰角の大きい立射では、厚くて短い蒙古弓よりも飛ぶことがわかりました。

また、和弓は後述する大鎧という日本独自の分厚い鎧を突破させるために、矢の重量もあり、これは蒙古弓の50g、アーチェリーの30gよりも重くなっています。

引く距離が長く、矢が重いと、命中させるにはかなりの技術を必要としますが、現代和弓では、的までの距離が近い（28m）競技での高段者の命中率は95％に達しています。江戸時代の三十三間堂などで行われた「通し矢」は、的までの距離が120mもありましたが、名人級の的中率は60～70％にもなりました（ただし、軽い矢を使っていたそうですが）。鍛錬した武士ならば、命中率でも蒙古に劣らなかったはずです。

(2) 大鎧の防御力

当時の日本武士の鎧は、矢の防御用の大鎧と呼ばれる分厚いもので、重量が約30kgもあったため、機動性に欠けていたのではないかとの指摘もあります。たしかに、その構造は非常に重層的で、複雑です。兜のしころ、胴、大袖、草摺《くさずり》などを構成する小札《こざね》は、牛皮に膠《にかわ》を十分しみこませ、叩いて硬くし、繊維を密にしてから、紐で上下に結び、胴の前面、大袖、草摺の上部などの大切な部分は、小札と鉄片を交互に組み合わせて防御力を高めていました。

とくに大袖や草摺は、小型の盾の役目をしていました。矢が鎧を貫通するかどうかは、衝撃力と貫通力によります。衝撃力とは矢が停止するまでの時間により、貫通力とは矢が当たったときの力Fを接触面積Sで割ってF／Sで表せる圧力Pと、材質の硬さによります。だらだらした大鎧の構造は、鎧に当たった矢が進む時間を長引かせて衝撃力を減じ、さらに繊維の密な小札と硬い鉄片が、貫通力を奪います。

このため、大鎧を着た武士は、蒙古兵のように盾を持つ必要がなく、馬上では両手を使って長弓を射たり、手綱を引きながら日本刀をふるったりし、下馬しても両手で薙刀や日本刀を振り回して、片手で短い槍や刀を持った蒙古兵と戦うことができたのです。このように和弓と大鎧は、矛と盾の関係のように、互いが強力になることで進化していきました。

（3）日本刀の威力

では、剣はどうでしょうか。日本刀は平安時代の中期に出現した、比較的長くて湾曲し、独特の軟鋼と硬鋼の二重構造をもつ太刀です。鋭く、よく切れるという実用性とともに、仕上がりの美しさから、美術品、工芸品としての価値も認められていました。じつは中国でも人気が高く、鎌倉時代の宋との貿易では硫黄、銅、木材と並ぶ輸出品目となり、のちの明のときはさらに大量に輸出されて明銭を稼ぎ、日本を貨幣経済へ導く一因を担ったハイテク輸出品でした。

その工程では、燃料である炭の温度が1200度と低いため鋼が完全には溶けきれず、炭素や不純物が残るため、刀鍛冶は鋼の重量が3分の1になるまで折り曲げ叩く精錬作業を延々と繰り返します。そして炭素が少ない軟鋼を背や側部とし、炭素が多い硬鋼を表層、内部を軟鋼にすることで材質の二重構造が生成され、その伸縮差でそりが生じ、切れ味鋭く美しい刀身が完成しました。

二重構造の日本刀は、振り降ろして相手の剣に当たったときに、硬鋼の刃の部分は圧縮力が加わることで、大きな衝撃をもたらします。一方で軟鋼の峰部分は延びて引っ張り力が働き、衝撃を吸収します。このように細身で軽量ながら、よくしなって曲がらず、折れず、よく切れる日本刀は接近戦最強の武器となりました。のちには、その美しさから日本武士の魂となり、さらには日本の「ものづくり」の精神の始まりともなったのです。

世界の剣の多くは単層の硬鋼製で、衝撃で折れなくするため刀身は厚く、重量は重く、おもには突きと、腕力で叩き切るために使いますが、湾曲した日本刀は引き切る力が主体で、突きも可能です。また、馬上ではまっすぐの剣だと走りながら振り下ろしたときに食い込んで落としてしまいやすいのですが、湾曲している日本刀は引き切るのでその心配がありません。

日本の室町時代に倭寇の鎮圧にあたった明の武将・戚継光は「日本の兵は刀が長いため、我が軍の剣では短くて接近できず、槍などの長い武器は機敏ではないため、柄ごと一刀両断されてしまう」と、接近戦における日本刀の手強さを語っています。

以上より、日本武士団の武器の性能は蒙古軍と比べても優るとも劣らず、蒙古軍の新兵器の前になすすべもなく敗れ去るほど脆弱ではなかったと推察されます。

一方で蒙古軍の「てつはう」は、4〜5kgと重く、船上では発射機を使用し、陸上で使うには発射機を陸揚げする必要があったと思われますが、博多湾の上陸では上陸艇には載せられないため発射機は陸揚げできず、手で投げたと思われます。したがって導火線に火をつけてからハンマー投げの要領で投げるので方向制御が難しく、遠くには投げられないという制約がありました。投げるタイミングや爆発させるタイミングも、武士団の騎馬が高速で突撃してくるなかで正確にとらえることは困難だったはずです。当初は功を奏したものの、補給するにも重量の問題があり、しだいに使用されなくなったと思われます。

撤退の理由

結局、蒙古軍にとっては、上陸に時間がかかって全軍が一度に進軍できず、小刻みに兵員を増やすという、戦争においては最悪の逐次投入となってしまったことが大きな失敗でした。

そのため数的優位を生かせず、集団騎馬突撃で赤坂の陣を撃破されると、足場の悪い鳥飼潟で不利な白兵戦にもちこまれて敗走し、百道浜への退却を余儀なくされました。浜では上陸を続ける部隊と錯綜して大混乱をきたすなか、副将の劉復亨が射倒された打撃と、矢がほぼ尽きたことから、日本の武士団が補給のためいったん兵を引いた午後3時ころ、死者や軍馬も放棄して、全員が船に引き揚げを開始しました。

博多の戦いでの蒙古兵の戦死者を約5000とすれば、総兵数2万6000の約19％となります。古今東西の戦史をみても、これだけの死者を出すと戦線を維持することは困難になり、軍事セオリーからは撤退しかありえません。日本の戦国時代では、約1万1000の徳川家康軍が、約2万7000の武田信玄の騎馬軍団に敗れた三方ヶ原の戦いが、「大敗」の例として知られていますが、このときの徳川軍の死者は約1000名であり、損耗率としては9％です。また、約4万ともいわれる羽柴秀吉軍が、約1万6000の明智光秀軍を討った山崎の戦いでの明智軍の死者は約3000で、約19％の損耗率で大崩れしています。

月	平均風速(m/s)	最大風速(m/s)	風向	最多風向	風速出現日数(日)	
					≧10m/s	≧1.5m/s
1	6.1	17	西北西	西北西	21	2
2	6.1	22	西北西	西北西	15	3
3	5.3	19	西北西	西北西	17	6
4	4.8	13	北北東	西	9	0
5	3.8	11	南南東	東	5	0
6	3.9	9	西南西	東	0	0
7	3.8	12	西	西	4	0
8	4.1	14	東	東	3	0
9	5.6	20	北北西	東	9	2
10	4.7	11	東	東	6	0
11	4.2	18	西北西	西北西	8	2
12	6.9	21	西北西	西北西	23	9

表1-2　対馬鰐浦の月ごとの風速と風向（2005年）

船に引き揚げた蒙古軍も、本国への撤退を決意しました。『元史』には、「冬10月、元軍は日本に入り、これを破った。しかし元軍は整わず、また矢が尽きたため、ただ四境を虜掠して帰還した」と言葉少なに記述されています。蒙古が恐れたのは、ひとつには時間がたてば日本軍に援軍が来ることでした。そしてもうひとつが、北西風が吹きはじめることでした。

北西風とは、旧暦11月になると吹きはじめる季節風です。これが吹くと、玄界灘は大荒れとなり、当時の帆船では渡ることができなくなります。

たとえば、対馬最北端の鰐浦の、2005年の月ごとの風速と風向を表1－2に示します。海が穏やかなのは新暦の4月から11月までであり、12月に入ると一転して様相が変わることがわかります。1月から3月までと12月では最大風速10m以上の日が76日間、最大風速15m以上の日が20日間もあり、最大風速は22mと強風が吹き荒れています。九州から朝鮮半島に帰るには向かい風、向かい波となるので風速、波高は大きくなり、30m級の帆船では航海できないレベルとなります。試しに「YouTube」などで「冬」「玄界灘」「航海」と動画を検索していただければ、玄界灘の荒れる海の様子を簡単に見ることができます。

したがって、蒙古軍が大宰府を攻略するには、新暦4月以降に博多に向けて出港し、11月末までに作戦を終了して博多を出港しなければならなかったのです。その見込みが立たないまま日本でぐずぐずしていることは、全滅を意味します。すなわち、高麗国王の死により出撃が3ヵ月延期されたことが、決定的な遅れとなったのです。これが蒙古軍が「謎の撤退」をした直接の理由です。

遭難までの経緯

その夜の午前零時を過ぎ、月が上がって視界がなんとか確保できるようになったころに残りの兵を収容した蒙古軍は、午前3時ころ、総勢300隻が博多湾を出て、壱岐に向けて出港しました。寒冷前線にともなう低気圧が博多に接近し、南風が吹きはじめていました。このときの南風（斜め追い風）を16ノットとすれば、船の速度は5・6ノット（時速10・4km）ほどであり、約10時間後に壱岐に到着したと思われます。壱岐では、往路に襲った北西岸は地形や水深がわかっていたうえ、武士団を殲滅していたので安心であり、湯本湾の鯨伏《いさふし》（現在の壱岐市勝本町）あたりに停泊して、休息や船の修理、傷の手当、水の補給などをしたと推定されます。

その夜、南風を吹かせた低気圧の発達によって、気圧配置は西高東低の冬型になりつつあったと思われます。急に北西風が吹きはじめ、しだいに強くなります。表１－２の対馬鰐浦の風速データからは12月に最大風速15ｍ以上の風が吹いた日は９日もあったので、そのくらいの強さだった可能性は十分にありえます。そして、検証の結果では、錨を１個下ろす単錨で停泊した蒙古軍船は、風速15ｍほどで走錨を開始するのです。走錨とは、船が錨を下ろした状態のまま流されることで、海難事故の始まりとなるおそるべき現象です。

この湾は湾口が北西向きのため、北西風を遮るものがなく、風をまともに受けます。疲れ果てて就寝中だった兵士や船員は、急に強風が吹きはじめたために出港や揚錨の準備に手間どって、走錨するままに北西岸に吹きつけられて座礁し、さらに高くなる波で崖に叩きつけられて、大勢が溺死したとみられます。のちに壱岐で発見されている遭難船が１３０隻であることから、軍船２００隻と、上陸艇２００隻の計４００隻が流され、このうち、軍船はその半数の１００隻、上陸艇は30隻が座礁したと考えれば、およそ辻褄は合います。

大型軍船は１８０名乗りであり、１００隻に1万８０００人が乗っていて、その半数が溺死したと仮定すれば、遭難者の総数は約９０００名となります。さきほど、博多の戦いでの戦死者を

5000名と見積もったので、蒙古軍の死者の合計は1万4000名となりますが、『元史』には、蒙古軍の未帰還者の総数は約1万3500名とありますから、以上の推定はそう間違ってはいないように思われます。

のちに「神風」のご加護と呼ばれた蒙古軍遭難の顚末は、このようなものだったと考えられます。なんとか生き延びた蒙古軍が、高麗の合浦に帰還したのは11月27日でした。往路は10月3日に合浦を出発し、対馬、壱岐、肥前沿岸を襲いながら博多湾に10月20日上陸ですので17日間ですが、帰路は一目散に帰ったのに1ヵ月以上もかかっています。やはり対馬海峡の冬は厳しく、風待ち潮待ちにも時間がかかったと考えられます。

文永の役を物理と地理・気象をもとに検証した結果、蒙古軍の早期撤退の原因は、以下のようなものであったと推定されました。

日本史サイエンス　蒙古襲来

一、蒙古軍は一日で全軍が上陸できなかった。

一、上陸地は博多市街から遠い百道浜だった。

一、日本武士団の集団騎馬突撃に進軍を妨げられた。

一、想定外の被害が出たため早期の大宰府攻略を断念し、天候急変を警戒して撤退を決定するも、その夜に強い北西風により遭難した。

第2章

秀吉の大返しはなぜ成功したのか

図2-1　明智光秀（本徳寺蔵）

日本史上きわめて重要な軍事行動

1582（天正10）年6月2日早朝、京都の本能寺で明智光秀（図2－1）が主君の織田信長（図2－2）を討った本能寺の変は、現在もなお光秀の謀反の動機が定かでないことから、日本史上最大のミステリーともいわれています。かつては信長への怨みを晴らすためだったとする「怨恨説」が主流でしたが、近年はそうした感情的な理由ではなく、なんらかの理性的な決断によるものだったという見方が強くなっているようです。いずれにしても、実際のところ何が光秀の背中を押したのかは、いまだに謎のままです。

結果的には光秀が「天下人」であった期間が短かったことから「明智の三日天下」ともいわれて軽んじられがちでもありますが（実際には11日間）、光秀は実力重視の織田家で筆頭家臣となったほど有能で思慮深い武将でした。そもそも信長のような、用心深さと苛烈さをあわせもつ主君は、反逆するのが最も難しい相手であったと思われます。過去には失敗した者が何人もいました。にもかかわらず、誰にも諮《はか》ることなく、部下にも直前まで秘密にして、たった一人でクーデターを計画し、成功させてしまったのですから、やはり光秀の能力は尋常ではありません。したがって当然、その後の自身と家臣や家族の安全についても、相当な成算をもっていたと考えるべきでしょう。

光秀の最大の誤算は、変の当時、中国地方で毛利氏を攻めていた信長の家臣、つまりは同僚の羽柴秀吉が、信長死すの報に接するや、主君の仇を討つべく驚異的なスピードで全軍を反転させ、京都に戻ってきたことでした。そのため、戦備を十分に整えることができないまま光秀は山崎の戦いで敗れ、非業の最期を遂げました。一説には、逃走中に落ち武者狩りの土民に竹槍で刺し殺されたともいわれています。そして、勝った秀吉はその勢いに乗って天下統一への道を突き進み、関白にまで上りつめて豊臣秀吉（図2－3）となるのです。「中国大返し」と呼ばれるこの秀吉の軍事行動は、中世から近世へ向かう日本にとってもきわめて大きな意味がありました。もしも光秀が秀吉に敗れていなかったら、というのは非常に興味深い歴史の「ＩＦ」ですが、軍人としても政治家としてもすぐれていた光秀なら、天下統一をなしとげ、安定した日本を築いたかも

図2-2　織田信長（長興寺蔵）

図2-3　羽柴秀吉（高台寺蔵）

しれません。が、どちらかといえば、ほかの織田家の諸将や、地方に残っていた戦国大名がおとなしくは従わず、群雄割拠の乱世に逆戻りしてしまった可能性が大きいように思われます。中国大返しを成功させた秀吉が真っ先に主君の仇を討ち、織田家臣団において決定的な主導権を握ったことが、信長の天下統一事業の継承者として認知されるために大きかったのです。

さらにその後の歴史を見れば、ついに長い戦乱を終わらせた豊臣の天下を、徳川家康が簒奪しました。そして強固な政権基盤をもつ江戸幕府を開き、世界史上にも稀な250年以上も続く平和を実現させました。そのことが、日本に高度な学術や文化を育み、身分によらず日本人に高い教育水準と遵法意識をもたらし、日本がアジアのほかの国のように西欧列強の植民地となるのを免れた大きな要因となったのです。

この章では、それほどに大きな意味をもつ秀吉の中国大返しについて、あらためて考えてみたいと思います。「神業」ともいわれた高速行軍は、なぜ実現できたのでしょうか。通説とされていることを科学的に検証して、真相に迫ってみたいと思います。

図2-4　備中高松城の水攻め（東京都立中央図書館特別文庫室蔵）
湖上に浮かぶ高松城（右）と、城を監視する秀吉陣（左）

中国大返しまでの状況

　まず、中国大返しが実行された当時の状況を確認していきましょう。天下統一を目前にした織田信長は、残る抵抗勢力の一つ、中国地方のほぼ全域を支配する戦国大名・毛利氏の攻略を羽柴秀吉に命じました。秀吉は毛利方の清水宗治が守る備中高松城（現在の岡山県岡山市北区）を自身の２万の兵と、備前の戦国大名で秀吉に味方した宇喜多忠家の兵１万とで囲み、「水攻め」といわれる戦術を用いて落城寸前に追い込んでいました。低地にあった高松城の周囲を、足守川から引き入れた水で満たして即製の湖をつくって孤立させ、補給路を絶ったのです（図２－４）。秀吉はそのために、一説には長さ４㎞の堤を12日間で築いたともいわれています。

　一方で秀吉は、信長に毛利攻めの援軍を要請していました。それを受けて信長は、明智光秀に中国への出陣を命じました。さらに秀吉は、毛利征伐の仕上げとして信長みずからの出馬も懇請したため、信長は居城の安土城を発して中国へ出陣しました。その途上、京都に立ち寄った信長は6月1日、わずかな手勢とともに本能寺に宿泊して茶会や酒宴を催し、いつになく上機嫌で床についたといいます。そして6月2日の夜が明けたころ、秀吉救援のため中国へ向かうはずだった光秀に襲われ、自害するのです。

その後、一説によれば、備中高松城を攻略中の秀吉陣に6月3日の夜、怪しい者が紛れ込み、捕らえたところ光秀から毛利方への密使で、本能寺で信長を殺したことを伝える手紙を携えていたといいます。秀吉は驚愕し、悲嘆に暮れつつも、主君の仇を討つことを決意します。そしてすぐに箝口令《かんこう》を敷き、毛利方と講和を結んで、これも一説によれば6月5日の午後、2万人の大軍を率いて京都に進発したといいます。

そこから秀吉は、備中高松から京都の山崎（京都府乙訓郡）まで約220kmの行程を一説では8日間で踏破し、6月13日、山崎の戦いで明智軍に大勝して、天下取りへの道を走りはじめました。これが秀吉の中国大返しについての、通説とされている経緯です。

映画やテレビドラマでは、信長の死を知って泣きじゃくる秀吉が、軍師の黒田官兵衛（孝高）の「天下をお取りなされ」との言葉で野望に目覚める、といったシーンがたびたび描かれていますす。毛利との和睦交渉も、秀吉側は本能寺の変のことを毛利に知られずに講和したいのですが、もしかしたら毛利は知らないふりをしていて、京都に向かったとたん背後を襲ってくるかもしれず、毛利方の使者をつとめる安国寺恵瓊《えけい》との息づまる腹の探りあいが見どころになっています。

いずれにしても中国大返しは、下克上をきわめた秀吉のサクセスストーリーのなかでも、輝ける未来にひた走る足音が聞こえてくるような、最も痛快な見せ場として多くの日本人の心を躍らせてきたことはたしかでしょう。

しかし、かねてより筆者は、こうした通説に疑問を抱いていました。この行軍の移動距離や、兵士と軍馬の数、必要な物資、気候や地理的な条件などから客観的に考えて、この日数でこの大軍がこれだけの距離を移動することは、かぎりなく不可能に近いと思われたからです。

いったいどのような条件がそろえば、不可能が可能になるのか。それを突きつめていくと、本能寺の変そのものをどう理解するかというところにまで影響がおよんでくるようにも思われました。とはいえ筆者は歴史家ではありませんので、これからご覧いただくのはあくまで、エンジニアとしての視点から検証した中国大返しです。

中国大返しの行程

では、中国大返しの行程を少しくわしくみていきます。じつは行程には人によって見解の相違があります。備中高松から京都山崎までという総移動距離は変わりませんが、出発がいつだったか、何日にどこからどこまで歩いたか、などでは、意見が分かれているのです。

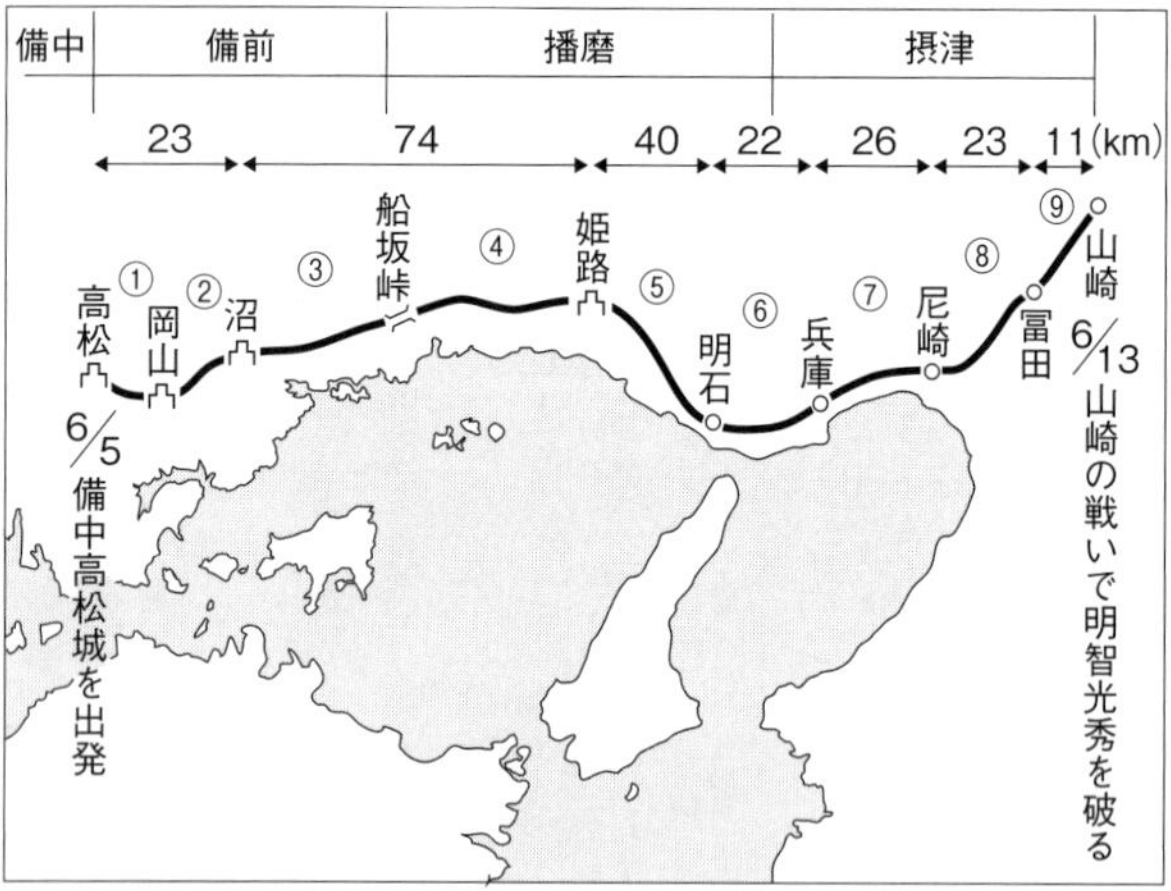

図2-5　中国大返しの行程図
筆者が妥当と考える行程（丸囲みの数字は出発からの日数）
3日目は34km、4日目は40km歩いたと考えられる行程のなかではっきりしているのは、ゴールの場所と時間です。秀吉は6月13日の朝には京都の山崎で布陣しているからです。では、スタートはいつだったかですが、備中高松城主の清水宗治が講和の条件として切腹したのは4日の午前ですから、それより早いということはありえません。では4日のうちに出発できたかといえば、3日の夜に変を知ってそれは、あまりにも早すぎると思われます。さりとて、5日には出発していたと考えたいところで、6日の出発とすると移動日数が実質7日間しかなく、13日の朝に山崎に着くのはかなり不可能に近くなってきます。

というわけで本書では、2万の秀吉軍は6月5日の午後に備中高松城を発ったと考えることにします。その後は備前（岡山県南東部）、播磨（兵庫県南西部）、摂津（大阪府北西部と兵庫県南東部）と、山陽道を高速で駆け抜け、6月13日の早朝、摂津と山城（京都府）の国境に位置する山崎に到着し、信長の三男・織田信孝や、織田家臣の丹羽長秀と合流して、天王山に布陣しました。この間の、各々の日にどれだけ移動したかは諸説ありますが、図2－5のように考えるのが妥当ではないかと思われます。

5日の午後から13日の朝までですから実質的には8日間で、全行程の約220㎞を踏破したわけです。平均すると1日につき約27・5㎞を8日間、歩きつづけたことになります。では、この数字はどうみるべきなのでしょうか。

筆者は、単純な割り算はあまり意味がないと考えます。というのも、図2－5を見てもわかるように、全行程220㎞の中には、おそらく3日目に沼城～船坂峠の34㎞を歩き、その夜は船坂峠で野営して、翌4日目は船坂峠から姫路城まで40㎞も歩いたと思われる超強行日程も含まれているからです。しかも、この間は大変な山道です。その疲労は、行程の後半に蓄積されていたと思われます。なお、一説にはこの沼城から船坂峠をはさんで姫路城までの74㎞を一日で歩いたともいわれていますが、それはあまりにも非現実的にすぎると筆者は考えます。

そもそも、当時は現代のように街道が整備されてはいません。上下したり曲がりくねったりが多いうえ、川を渡らねばならないこともあります。しかも中国大返しのときは、季節は梅雨で、8日間のうち5日は雨でした。京都に着いたら戦わなくてはならないので重い鎧や武器も携行しています。そうしたことを勘案すると、大返しの行程の負担は、現代と比較すると少なくとも10％増しくらいと考えるべきでしょう。220㎞の10％増しは242㎞です。これを8日間で踏破したとすれば、1日平均では約30㎞となります。

たとえば、東京の中心から30㎞ほどの距離といえば、

国道1号（静岡方面）なら横浜（神奈川県）

国道4号（宇都宮方面）なら久喜（埼玉県）

国道14号（千葉方面）なら千葉（千葉県）

といったところです（図2－6）。人の歩行速度は時速4㎞ほどとされていますので、1日に

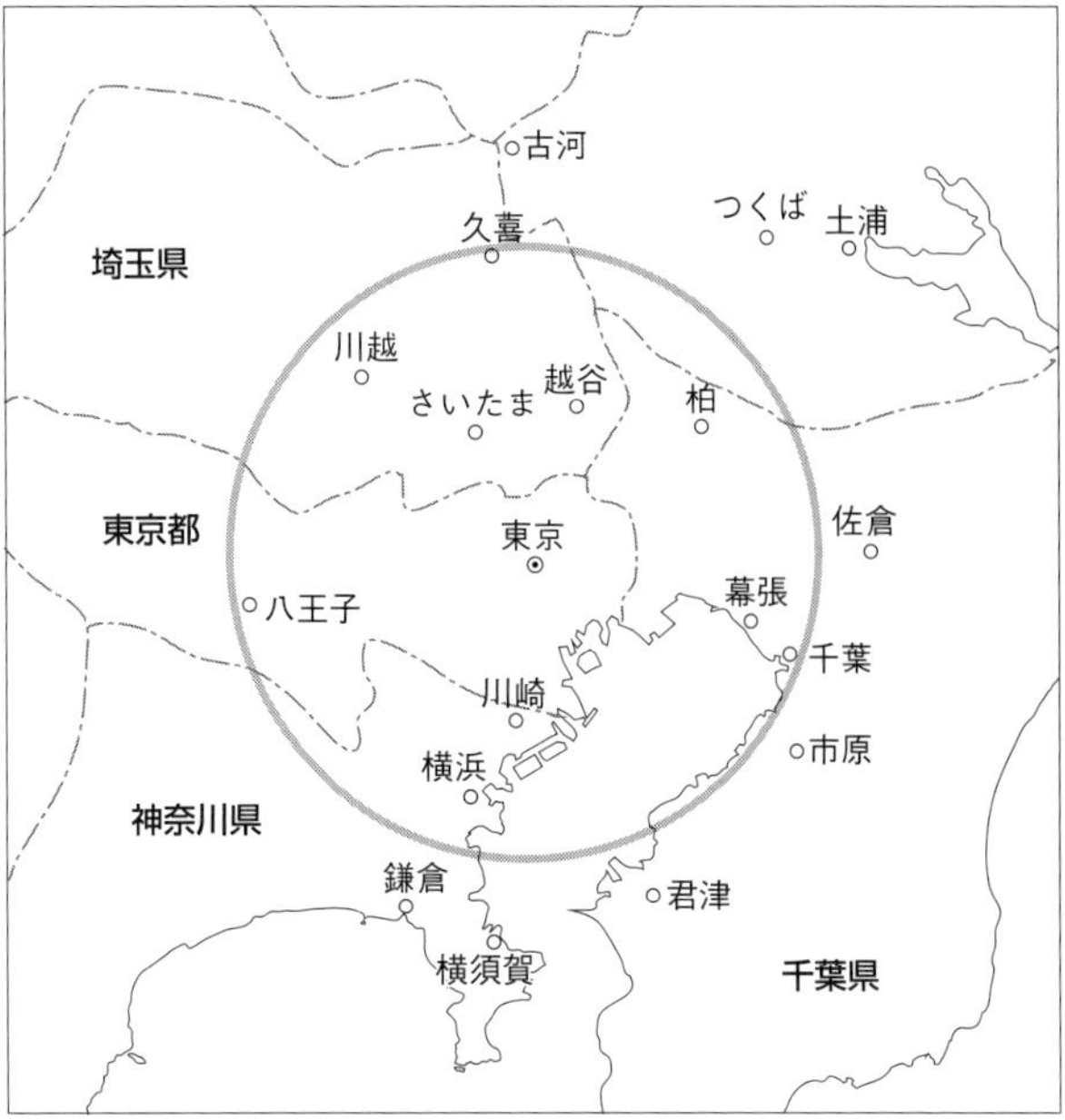

図2-6　東京を中心に半径30kmの円を描くと

7時間半ほどかければこのくらいは歩けるわけですが、みなさんならこれを8日間続ける行軍を、どのように感じるでしょうか。おそらく現代人の多くは、1日歩くだけでも大変です。しかし、戦国時代の兵士であれば私たちよりはるかに頑健だったから、この程度の行軍は平気だったのでしょうか。食料はどうしたのか、宿はどうだったのかも気になります。では、それらの観点から中国大返しの難易度を考えていきましょう。

秀吉軍2万人の部隊構成

まずは、羽柴秀吉軍の2万は、どのような構成だったのかを押さえておくべきでしょう。

戦国武将の家臣団の構成は、織田信長が現れるまでは武将の親族が中心でしたが、信長は血縁に関係なく優秀な人材を部将として取り立てて、戦闘に特化した軍団を構成することで台頭していきました。本能寺の変の当時、織田家臣団のおもだった部将は、たとえば柴田勝家は北陸に、滝川一益は関東に、明智光秀は近畿、織田信孝は四国というように、それぞれが方面軍を指揮していて、秀吉は中国方面軍の司令官でした。

では、彼らが率いていた軍団の規模はどのくらいだったのでしょうか。戦国大名の実力を測るものさしとして、「石高《こくだか》」がよくつかわれるのはご存じの通りです。「石」とはコメの容積の単位で、10合で1升、10升で1斗、4斗で1俵、10斗で1石です。成人男子1人が1年間で食べるコメの量が1石といわれています。戦国大名の石高は、領地でどのくらいコメが収穫できるかを示すもので、豊臣秀吉が検地を行うまでは全国共通の基準がなかったため公平な比較は難しいのですが、本能寺の変当時、織田家が直接所有していた領地の石高は、240万石ほどにまで増えていたとみられます。おもだった部将たちにあてがわれた領地も、100万石前後にのぼっていたと思われます。これは武田信玄、上杉謙信、伊達政宗といった有力戦国大名と同じレベルです。

石高からみた動員可能な兵力数は、1万石につきおよそ250人であったといわれています。秀吉の石高は当時、80万石ほどだったと思われますので、中国攻めに2万人を動員していたというのは整合性があります。

では、2万人の軍団とは、どのような人員構成なのでしょうか。高橋伸幸氏著、小和田哲男氏監修『戦国の合戦と武将の絵事典』（成美堂出版）によれば、戦国時代中期の天文4（1535）年ころの戦国大名（織田氏、上杉氏、後北条氏、武田氏）の軍団は、年収にして約500貫（現在の貨幣価値で約7500万円）の上級武将を指揮官とする部隊を、一つの単位として構成していたようです。その内訳の一例としては、戦闘員が馬上侍10名ほど、長槍20名ほど、旗指物20名ほど、弓10名ほど、鉄砲10名ほど、小旗1名の計70名くらいといった構成で、これらに約20～30名の食料や武器を馬で運搬する小荷駄隊がともなって、合計100名ほどで構成されていました。

	馬上侍(名)	徒歩兵(名)	小荷駄兵(名)	騎馬(頭)	荷駄馬(頭)
指揮官	1	1		1	
旗奉行	1			1	
旗持足軽		24			
鉄砲奉行	1			1	
鉄砲足軽		12			
長柄奉行	1			1	
長柄足軽		25			
騎馬奉行	1			1	
騎馬隊	3			3	
小荷駄奉行	1			1	
小荷駄足軽			30		
小計	9	61	30	9	18

騎馬侍合計	9名
足軽合計	91名
侍含む兵士数	100名

騎乗馬	9頭
荷駄馬	18頭
騎馬含む馬数	27頭

表2-1　羽柴秀吉の軍団編制
筆者が仮定したもの。長距離行軍となれば、さらに小荷駄隊を増員する必要が生じる

秀吉の2万人規模の軍団も、このような１００名単位の部隊が２００組ほど集まったかたちで構成されていたと考えられます。したがって行軍も、この編制で行われたのでしょう。ここでは、表２－１のような構成であったと仮定します。

兵士が消費するエネルギー量は？

次に、これだけの軍団が行軍するには、どれだけの物資を輸送しなければならないかを計算してみましょう。約30㎞を８日間歩きつづけることは、旅人のような軽装なら可能かもしれませんが、行軍では食料や武器など、多くのものを運搬しなくてはなりません。行軍においてそれらを軽視して失敗した例は枚挙にいとまがないほどです。

太平洋戦争の末期、日本軍が食料や必需品を確保する兵站を軽視したために、前線の兵士たちが過酷な状態におかれ、多くの命が失われたことはよく知られています。しかし、真珠湾攻撃と同日に開始されたマレー作戦では、マレー半島とシンガポールを防衛するイギリス、インド、オーストラリア連合軍８万７０００に対し、日本軍は兵士３万５０００人のほかに、食料や武器を大型輸送船18隻で運び、これに21隻の護衛艦艇をつけるという手厚い編制で出撃し、マレー半島攻略に成功しています。開戦当初は日本軍も、兵站を重視していたのです。

行軍時に必要な物資量の算出のため、まずは兵士が必要とする食料を算出してみましょう。そのためには、行軍でどのくらいのエネルギーが消費されるのかを求める必要があります。

運動の強度とエネルギー消費量の関係を求めるには、メッツ（METs：Metabolic Equivalents）という単位が現在ではよく用いられています。メッツは安静時のエネルギー消費量を1メッツとして、これに比べてさまざまな運動ではどのくらいエネルギーを消費しているかを数値化して、運動強度を示すものです。メッツの値については、国立研究開発法人の国立健康・栄養研究所によって詳細に場合分けされたメッツ表に示されています。

さまざまな運動が、たとえば、「スポーツ」「歩行」「家での活動」「水上・水中活動」「職業」などの大項目に分けられ、各項目はさらに、運動や作業などの活動の形態によって細分化されていて、それぞれにメッツ値が与えられています（表2－2）。行軍に関係がありそうな「歩行」を見れば、以下のような項目が並んでいます。

散歩……3・5

歩行：4・0km／時、平らで固い地面……3・0

歩行：5・6km／時、速い、平らで固い地面、運動目的で歩く……4・3

行進する：ほどほどの速さ、軍隊、荷物なし……4・5

メッツ	大項目	個別活動
4.5	歩行	行進する：ほどほどの速さ、軍隊、荷物なし
8.0	歩行	速く行進する：軍隊、荷物なし
3.5	歩行	散歩
3.0	歩行	歩行：4.0 km/時、平らで固い地面
6.3	歩行	山を登る：荷物なし
5.0	職業	歩行や階段を降りる、または立位：11.3〜22.2 kg の物を運ぶ
6.5	職業	歩行や階段を降りる、または立位：22.7〜33.6 kg の物を運ぶ

表2-2　歩行運動に関係するメッツ値の例

ある運動における消費エネルギー量は、メッツ値に運動時間と体重、さらに1・05という係数をかけることで算出できます。しかし、1日にどのくらいのエネルギーを消費したかは、安静にしていても消費される基礎代謝量についても考慮する必要があります。基礎代謝量は、メッツ値を1・0とみなし、安静にしていた時間と体重、さらに係数の1・05をかけることで求められます。結局、1日に消費されるエネルギーは運動で消費したエネルギーと基礎代謝量の和になりますので、以下の計算式にあてはめれば、算出することができます。

1日の消費エネルギー（kcal）
＝メッツ値×運動時間（h）×体重（kg）×1・05
＋1・0×安静時間（h）×体重（kg）×1・05

こうして求められる1日の消費エネルギーに対して、食事による補給が足りない場合は、体内に脂肪として蓄えられているエネルギーがつかわれます。成人男子では1500〜2000kcalほどを蓄えていますので、すぐに補給しなくても支障をきたすことはありません。この備蓄エネルギーを消費すれば痩せていくというのがダイエットの原理です。

しかし、もしも毎日、エネルギーの赤字が続き、備蓄エネルギーをつかい果たすと、人間は動けなくなります。中国大返しの目的はゴールインすることではなく、そこから精強で鳴る明智光秀軍と戦うことなのですから、兵士のエネルギー不足は勝敗、つまり軍団の運命にかかわります。では、中国大返しで兵士は1日にどのくらいエネルギーを消費すると考えられるのでしょうか。

運動時間（1日に歩く時間）は、単純計算では約220kmを時速4kmで8日間かけて踏破するには、1日平均7時間となります。しかし、さきほど述べたように距離は10％増しと考えて、8時間と見積もります。体重は、旧帝国陸軍の兵士の平均体重をあてはめて、52kgとします。

問題は行軍時のメッツ値がどうなるかです。この行軍では、兵士たちは重い鎧を装着し、あるいはかつぎ、鉄砲、刀、長槍などの武器と、弾や火薬、さらに食料袋や水を入れた竹筒などを携行しなくてはなりませんでした。その重量は、30kgほどにもなったと想定されます。

そこで、兵士の体重と持ち物の重量を合計し、この運動を体重82kgの人の「歩行」とみなし、「行進する：ほどほどの速さ、軍隊、荷物なし」をあてはめれば、メッツ値は4・5となります。筆者は最初、そのように考えていたのですが、82kgの人が手ぶらで歩くのと、52kgの人が30kgの荷物を持って歩くのでは、やはり後者のほうが運動強度は強いように思われてきました。このあたりをどう考えればよいのか、メッツ表を作成した国立健康・栄養研究所に問い合わせたところ、身体活動研究部の宮地元彦部長に回答していただきました。

中国大返しにおける行軍の諸条件を説明すると宮地部長は、兵士たちの運動強度は「歩行」より、「職業」という大項目の「歩行や階段を降りる、または立位：22・7〜33・6kgの物を運ぶ」に相当するとみなすのが適当であろうと判定しました。そのメッツ値は6・5になります。やはり、手ぶらで歩くよりもかなり上がるのです。

では、計算式にあてはめて、計算してみましょう。

6・5（メッツ値）×8（h）×52（kg）×1・05（係数）
＋1・0（メッツ値）×16（h）×52（kg）×1・05（係数）
＝3712・8（kcal）

大返しの兵士の1日の消費エネルギーは約3700kcalと見積もられました。この行軍を8日間続けることをどう評価するかを宮地部長に尋ねると、「かなり大変だが、まったく無茶苦茶というわけでもない」という表現で答えられました。いずれにしても兵站がしっかりしていることが条件となるとのことです。自衛隊員がかなり激しい訓練をすると、1日で3500kcalくらいを消費するそうです。また、東日本大震災で救助活動にあたったときの警察官や自衛隊員の一日の消費エネルギーは3800kcalほどであったとのことです。宮地部長は山陽道の地理にも明るく、この数値は中国大返しでは最低限の見積もりであり、難所の船坂峠などの山道ではメッツ値が上がって9・0ほどになるのではないかとも指摘されていました。

1日に必要な食料は「おにぎり40万個」

では、これだけのエネルギーを補給するためには、食料はどのくらい必要になるのでしょうか。兵士たちはおそらく、コメをおにぎりにして食べていたのではないかと考えられますので、ここでは、玄米のおにぎりの数に換算してみます。

玄米のごはんで握ったおにぎり1個を、およそ100gと見積もります。そのエネルギー量は、約173kcalです。すると、3700kcalをまかなうには、ほぼ20個必要となります。つまり、兵士1人あたり1日に20個のおにぎりが必要ということになります。全軍は2万人ですから、毎日、約40万個のおにぎりが必要ということです。重量にすれば、なんと約40tです。

では、これだけのコメをどこで調達するかといえば、場所は限られています。おそらくは街道沿いの宿場町でしょう。しかし、ある日突然、秀吉の斥候部隊がやってきて、おにぎり40万個分の玄米を1～2日で供出しろと命じられて、はたしてできるものでしょうか。秀吉の居城がある姫路などの大きな宿場町でも容易ではないと思われますし、不可能な場所も多いはずです。

なんとか調達できたとしても、40tのおにぎりになるだけの玄米を運ぶには、かなりの頭数の馬が必要となります。では、この行軍では馬はどのくらいそろえる必要があるのでしょうか。

まず、玄米は毎日コンスタントに調達できるわけではなく、大きな宿場で2～3日分をまとめて供出させることになりそうですから、それを運ぶには、玄米40ｔ分の2～3倍の馬が必要です。これに加えて、兵士1人あたり1日に約2Lの水が必要です。2万人では約4万Lとなり、ざっと四斗樽（144L）555個分です。味噌や塩、梅干しなどの副食品も欠かせません。兵器、弾薬、炊飯具、薪、医療品などの輸送にも馬が必要です。

なお、水の補給については、山陽道の旧街道沿いには10～30㎞ごとに川や宿場町がありましたので、調達することは困難ではなかったはずです（ただし川を渡る苦労はあったでしょうが）。前出の宮地部長によれば、行軍では水は不可欠ですが、とにかく重いので運ぶ兵士には大変な負担となることから、米軍でも砂漠などを長距離行軍するときは「一日に水をどれだけ運ぶべきか」はかなり厳密に計算しているそうです。

さて、以上の検討から、大返しに必要な馬の数をまとめてみます。

騎馬は100名の部隊ごとに9頭とし、それが200組分とします。

輸送用としては、食料は3日分、水は1日分を輸送するのに必要な頭数とします。概算すると、食料用には1日で玄米に300頭、副食品（兵器を含む）に300頭と見積もり、計600頭とします。水は、1日分で300頭とします。すると合計では以下のようになります。

・騎馬隊の馬数：9×200組＝1800頭

・兵士2万人の食料・副食・兵器輸送用：600頭×3日分で1800頭

・兵士２万人の水輸送用：１日分で３００頭

以上で、合計では３９００頭の馬が必要と見積もることができました。しかし、じつはこれで終わりではありません。馬にも食料（飼い葉）と水が必要だからです。

馬に食べさせる一般的な飼料は、大豆です。１頭に１日１升与えるとすると、３９００頭では３９００升なので98俵となり、１頭に２俵運ばせれば１日分で約50頭、３日分なら約１５０頭が必要となります。また馬の水は、１頭に１日70Ｌ与えるとして３９００頭では27万３０００Ｌとなり、１頭に四斗樽を２個運ばせるとすれば、約１９００頭が必要です。これらを合算すると、必要な馬は２０５０頭増えて、全部で６０００頭近くになります。

ところが、じつは馬の数にはまだ落とし穴があるのです。いま増やした２０５０頭に与える大豆と水を運ぶ馬も必要になるからです。このように馬は増えるたびにさらに少し増やす必要があり、生きものである以上、やはり疲労もしますので、10％くらい割増しする必要があります。すると、約７０００頭は必要になってくると見積もられます。

以上から、中国大返しでは一日あたり、玄米おにぎりにして約40万個分の食料と、７０００頭ほどの馬が必要であることがわかりました。

ただし、険しい山道を歩く場合にメッツ値が９・０に上がるとすれば、かりに６時間歩けば、

２・５（メッツ値の増加分）×６（h）×52（kg）×１・０５（係数）＝８１９（kcal）

となり、1人のエネルギー消費量が玄米おにぎり4・7個分増えます。全軍では9万個以上も追加する必要があります。備蓄エネルギーが1人につき2000kcalあるとしても、玄米おにぎり（1個173kcal）の赤字が11・6個分になれば、備蓄が尽きて動けなくなってしまいます。大人数での行軍は、小さな差でも全体では非常に大きな数字に膨れ上がるのです。

野営と不衛生による体力低下

次に、中国大返しにおける体力低下の問題について検討します。長距離行軍は日常生活とは異なった環境での重労働が続くことであり、兵士たちの身体の負担は非常に大きくなります。そのため、往々にして、戦闘での損耗より、行軍中の損耗のほうが大きくなります。

ナポレオンのモスクワ遠征では、一説によれば30万人が戦いながら52日間に約70マイル（約112km：1日平均約2・15km）前進しましたが、戦闘による損失1万人に対し、病死と落伍者だけで9万5000人が損失と、全軍の3分の1を行軍中に失っています。また、太平洋戦争での日本陸軍はエリート参謀たちが現場を無視した精神主義の作戦を立て、インパール作戦では8万5000人が熱帯の山岳を行軍させられて3万人以上が餓死あるいは病死しました。さらに、「バターン死の行進」といわれる事件ではアメリカとフィリピンの捕虜7万6000人を約10

０㎞も歩かせ、マラリアと飢え、処刑で2万人以上を死に追いやりました。このように歴史上、長距離行軍では食料のみならず、兵士の体力や体調の問題について無知であるがゆえに多数の犠牲者を出した例もたくさんあるのです。

戦国時代の大軍の行軍も、就寝、休息、衛生面などで不備が多く、落伍兵や傷病兵が多数出て兵を減少させることが多かったと思われます。とくに中国大返しのときは、季節が梅雨の終わりころであったという問題もありました。表2－3は、行程中のそれぞれの日の天候です（松嶋憲昭『気象で見直す日本史の合戦』〔洋泉社〕より）。岡山県は雨は多くないところで、私も玉野市の三井玉野造船所（現・三井E&S造船）に入社し、通勤していたことがあるのですが、傘はあまり使わなかった記憶があります。とはいえ、梅雨時にはやはり降りますし、表のように、大返しのときは雨天の日が多かったようです。姫路城には暴風雨のなかで入城したという記録もあります。

雨中でも、煮炊きをして食事をしなければなりません。それはまだしも、問題は宿です。2万人が宿泊できる城郭や設備を道中に確保することはできません。たとえば、4日目は姫路城に宿泊していて、このときに全軍が休養をとったともいわれていますが、当時の姫路城はまだ現在のような大規模な城郭ではありませんでした。屋内の広さとしては、現在の名古屋城は畳の数が2000畳とのことですのでそれに沿って計算してみると、板の間の広さを畳の3倍と仮定すれば

日／天気	推定される秀吉軍の宿泊場所
4／晴	備中高松城
5／雨	岡山城（半数は野営）
6／雨	沼城（多くは野営）
7／晴	船坂峠（全軍が野営）
8／昼は晴	姫路城（半数は野営）
9／晴か雨	明石（全軍が野営）
10／晴	兵庫（全軍が野営）
11／雨	尼崎（全軍が野営）
12／晴か雨	冨田（全軍が野営）
13／雨	山崎の戦い

表2-3　中国大返しの期間の中国地方の天候と宿泊場所
グレーは雨の日
（天候は松嶋憲昭『気象で見直す日本史の合戦』〔洋泉社〕による）

６０００畳ほど、畳と合わせて８０００畳ほどになります。かりに１畳に兵士２名を寝かせてすべてのスペースに詰め込んだとしても、１万６０００人しか就寝できません。したがって、野営（いわゆる野宿）が常態となり、各部隊に分かれて神社や寺の境内で就寝したと想定されます。

　しかし、実際には雨が降るなかでの就寝は難しく、仮眠程度だったろうと思われます。油紙を張った「蓑《みの》」や「筵《むしろ》」を屋根にした簡易的な寝床はつくっていたようですが、それもかろうじて雨が直接当たるのを防ぐ程度だったでしょう。地面はぬかるんでいて横になれないでしょうし、そろそろ藪蚊が出てくる時期でもあります。おそらく、兵士は睡眠不足が続き、体力の回復が十分でないまま次の日の出発を迎えていたと思われます。ただでさえ、30kgほどの荷物を背負って消耗しているところへ、睡眠不足による疲労が重なれば、けがをしやすくなり、密集生活のため衛生環境が悪化して、病気にもかかりやすくなります。

　身体を守る装備も、「足軽」と呼ばれた徒歩の兵士たちの場合、基本的には履物は藁草履で、衣服は綿の貧弱なものでした（図２－７）。それに比べれば現代の自衛隊の装備は、当然ながら戦国時代とはまったく異なり、防水、防湿、断熱の機能にすぐれた先進素材を用いた軽くて強い最高級品で万全の装備を固めています。しかし、じつはそれでも、１日の行軍距離のめどは、25～32kmとされているのです。

　つけ加えると、自衛隊の空挺団には、30kgの装備を携行して山岳地帯の１００kmを２泊３日で

図2-7　戦国時代の鉄砲足軽の装備
雨中では蓑を身につけている

踏破するという行軍訓練があります。また、自衛隊では幹部候補生も、フル装備で100km（場合によっては山岳地帯）を2泊3日で踏破する訓練を受けています。これらの1日あたりの歩行距離は30km強ですから、中国大返しの兵士たちは選りすぐりの自衛隊員に課せられる訓練にほぼ近い距離を、8日間も歩きつづけたことになります。はたしてそのあとの戦闘でまともに戦えたのか、大きな疑問があります。

もうひとつ、大軍の長距離移動において、意外と大きな問題となるのは糞尿です。人間1人の糞尿は1日当たりで大便が約200g、尿の量は約1・5Lですから、合わせて約1・7kgの重さになります。2万人の兵士では1日で約34tにもなります。馬も1日に糞を約14kg、尿を約3Lも排泄しますので、7000頭の糞尿は合わせて1日で約120tという膨大な量になります。2万人の隊列から、ほぼ常時、これだけの量が排泄されているとみなくてはなりません。これは当然、兵士の衛生と健康に直結します。この試算だけでも、2万人が8日間、行軍を続けることがいかに大変か、わかるのではないでしょうか。

山陽道最大の難所「船坂峠」

次に、地理的な観点から中国大返しを見ていきます。まず、あらためて図2-5を見て気づくのは、毎日、コンスタントに同じ距離を歩いたわけではないということです。

とくに7日に備前の沼城を出発して、備前と播磨の国境の船坂峠に着くまでが約34km、そして8日に姫路城に到着するまでの合計では約74km、この距離を実質2日間で踏破しています。ここまでの検討から、これは相当に厳しい行程であることは明らかです。しかも、その中間地点にある船坂峠は、山陽道で最大の難所ともいわれているのです。

備前と播磨の国境、現在では岡山と兵庫の県境にある船坂峠は、標高は180m程度ですが、高低差が大きく、かつて旅人がこの峠を越えるときに船底のように低いところから登るように思えたことから、その名がついたともいわれています。また、畝《うね》のように上下する坂が連続しているため「畝坂」と呼ばれ、それが「船坂」に転化したという説もあります。明治になって通りやすいように開削されましたが、それまでは非常に急でうねうねした坂が続いていたのです。しかも道が狭く、滑りやすく、重装備の2万人が行軍するのは、かなりの困難をともなったと思われます。

信長や秀吉に仕えた大名の前野家に伝わる文書などをもとにした『武功夜話』によれば、大返しのとき、ある部隊が船坂峠を越える際、もとは約1150人いたのが、多数の兵士が隊列から遅れてしまい脱落して、峠を越えたあとには約850人になっていたそうです。『武功夜話』は信憑性が疑問視されている史料ではありますが、もしこの数字が事実であれば、高松城を出発してからわずか57km歩いたところで、早くも約26％が落伍した部隊があったことになります。しかも、このあと船坂峠から京都山崎までの道のりは、まだ１６０㎞もあるのです。

また、行軍は秀吉を先頭にして2万人が、後方からの毛利の追撃を警戒しながら進むわけですが、山陽道には場所によっては非常に道幅が狭く、2間（約3・6ｍ）に満たないところもありました。そうした道では隊列は延々と細長く縦に続くことになり、4人ずつ横に並んで1列になっていたとしても５０００人が連なり、前後の間隔を2〜3ｍあければそれだけで（間隔を平均2・5ｍとして）12・5㎞、７０００頭近くいると考えられる騎馬と荷駄馬を2列とすれば、14㎞にはなり、全体では26㎞もの長さになります。平均時速4㎞で歩けば、最後尾は先頭から6時間半遅れとなるわけです。このような状態で行軍を続けることは、もしも隊列の側面を山間に潜ませた伏兵に襲撃された場合はひとたまりもなく、その情報が先頭に伝わるまでにも長い時間がかかります。

毛利がいつ本能寺の変の情報をつかんで追撃してきても、あるいは明智光秀の手勢が奇襲攻撃を仕掛けてきてもおかしくないという状況にあったと考えれば、このような行軍は全軍壊滅にもつながりかねないリスクをはらんでいると思われるのです。

不可能を可能にするシナリオ（1）

以上の検証から、中国大返しがいかに多くの困難をともなう軍事行動だったかがわかりました。秀吉がどれだけ天才的な武将だったとしても、行軍する人数、日程、移動距離がこの設定のままでは、実現は不可能というのが筆者の結論です。

とはいえ、中国大返しがすべてフィクションだったとはさすがに考えにくいところです。いくら現実離れしていても、秀吉が実際にそうした驚くべき作戦を実行したからこそ、明智光秀も虚を突かれたのでしょう。では秀吉には、不可能を可能にするなんらかのマジックの用意があったのでしょうか。

行軍する兵士の人数、行軍期間、行軍距離といった設定をできるだけ変えずに、中国大返しを実現させるシナリオは、筆者が考えるかぎり一つだけです。じつは中国大返しが、事前にかなりの準備をしてから行われた作戦だったということです。

まず、食料については、大返しの途上に秀吉が居城としている姫路城があるなど、行軍経路は勢力範囲内にありましたので、あらかじめ通達を各所に出しておけば、食料も調達しやすくなって、スムーズな補給リレー態勢をつくることも可能にはなりそうです。大量に必要な馬の飼葉も同様に、なんとかなるかもしれません。排泄物処理の問題も、褒美をはずんで道中の人々を動員すれば、対応できるでしょう。

ただし、それでも問題なのは、野営のための装備、なかでも雨対策です。十分な就寝ができずに行軍を進めることは、脱落者を増やして戦闘能力を著しく低下させますので、いくら早く京都に着いたとしても元も子もありません。

考えられる方法としては、たとえば、これは筆者の思いつきですが、戸板が2人につき3枚あると、雨中では2人一組で3枚の戸板で三角形にして、平面部に2人が寝ればなんとかなりそうです。そのような絵を史料で見たことはありませんが、かりに2名で戸板3枚を使ったとすると、野営する足軽が1万5000名とすれば、戸板が2万3000枚近く必要となり、その輸送に馬1頭で10枚として、2300頭の荷駄馬が必要となります。それよりは、図2－8のように2名で戸板1枚を使い、それを底板にして、つっかえ棒を立て、その上に天幕を張れば、なんとか雨の中でも就寝可能で輸送量も減り、現実的かもしれません。いずれにしても、通常の屋根や天幕程度では、地面のぬかるみ対策がなければ眠れないと思われます。そしてどのような方法をとるにしても、そのための備品の用意には時間がかかりますし、運搬用にもさらに多くの馬が必要となるのです。

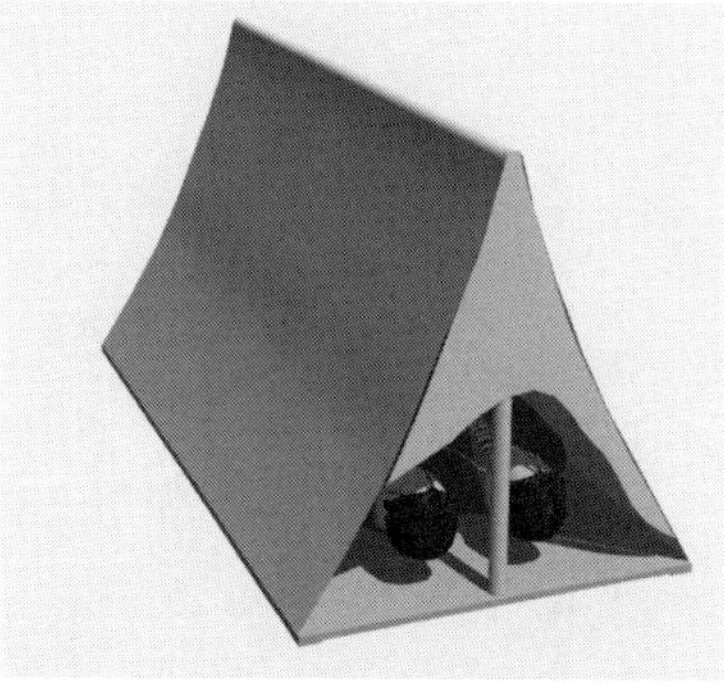

図2-8　戸板を使って雨水を防ぐ工夫
（CG制作は筆者）

船坂峠を越えるのはそれでも大変ですが、できるかぎり手厚く何重にも備えをして、兵士の負担を軽くすることができれば、ハードルはかなり下がると思われます。

これらの準備には当然、かなりの時間と労力を要します。しかし、あらかじめそのつもりであれば、秀吉には十分な余裕はあったと思われます。なぜなら、彼は本能寺の変の1ヵ月前から、高松城を水攻めにしていたからです。つまり、ほかにしなければならないことがほとんどない状況だったのです。これが通常の城攻めや野戦に明け暮れる日々であればとてもそれどころではなく、必要になるかどうかもわからない「京都に急いで引き返さなくてはならない事態」への備えを入念にしている余裕などなかったでしょう。

歴史家のあいだでは、中国大返しの困難さを理由に、秀吉があらかじめ本能寺の変を予測して準備していたのではないか、ひいては、秀吉が光秀に謀反を起こすように仕向けたのではないかという、いわゆる「秀吉黒幕説」も唱えられているようです。筆者は歴史家ではありませんのでそうした議論に割って入るつもりは毛頭ありませんが、本能寺の変の真相を考えるうえでは、中国大返しの難易度をできるかぎり正確に把握しておかなければ、不毛な議論になってしまうのではないかという気はしています。

不可能を可能にするシナリオ（2）

もう一つ、中国大返しを実現させる方法として考えられる「奇策」があります。それは海路、

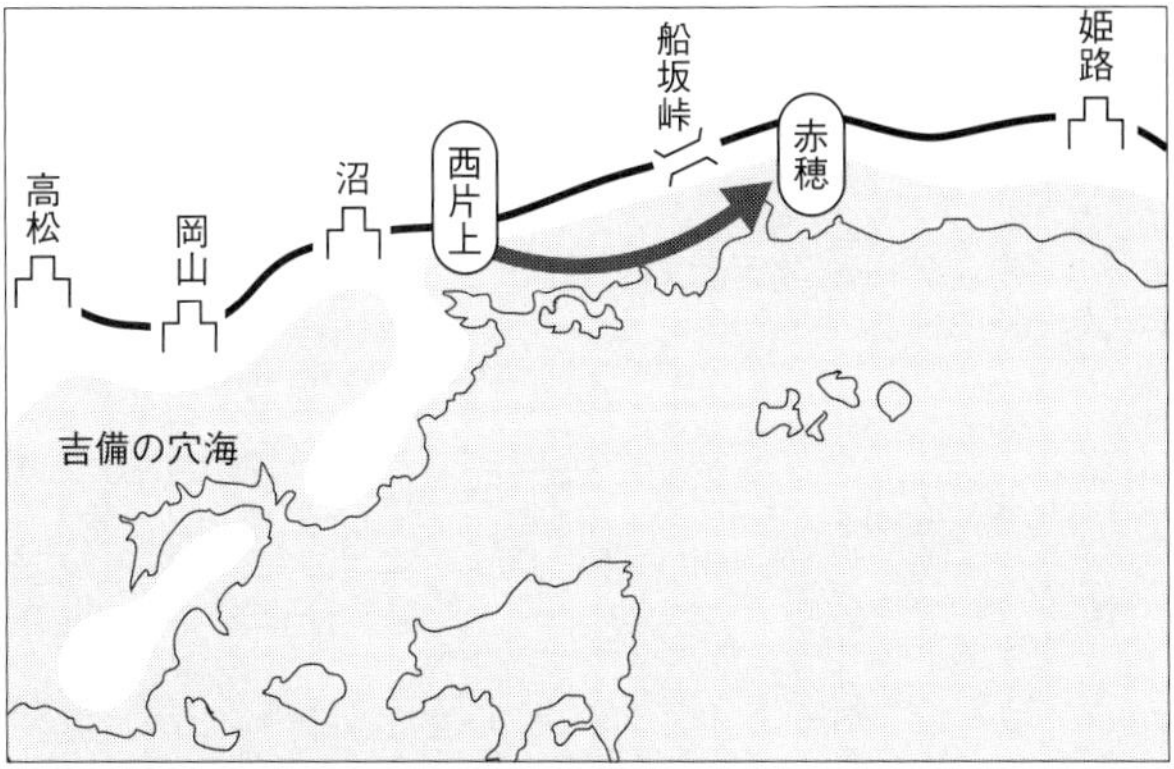

図2-9　当時の中国地方の海岸線
現在よりも海が広く船が航行しやすかった

つまり船を利用することです。突拍子もないことを と一笑に付されるかもしれませんが、さまざまな観点から検討すると、かなり現実的な手段であることがわかります。

まず、地理的な好条件があります。大返しのルートである山陽道が通る岡山平野は、現在でこそ干拓によって海が埋め立てられて、倉敷市をはじめ多くが陸地になっていますが、かつては現在の児島湾は「吉備の穴海」と呼ばれた内海となっていて、倉敷は海に浮かぶ島でした。備中高松城、岡山城、沼城も、現在よりもずっと海に近かったのです（図２－９）。したがって、旧山陽道は海路でも現在よりははるかにスムーズに東上することができました。

さらに山陽道の地理を調査すると、備前から播磨に向かう途中の海沿いに、片上という土地がありま す。ここに西片上という港があり、昔は名物の備前焼の積み出し港として栄えていました。この西片上から船に乗って播磨の赤穂まで行けば、難所の船坂峠を越えずに、姫路城をめざせるのです。これは非常に効果的なショートカットです。

じつは、これは筆者のただの思いつきではありません。岡山県の郷土史家・巌津政右衛門氏が監修した『岡山地名事典』（日本文教出版）の「西片上」の項には、こう記されています。

「天正10年（1582）3月、備中高松へ出陣する羽柴秀吉は浦伊部の豪族法悦（来住家の先祖）の屋敷に宿泊し、帰路には片上から夜半舟に乗って赤穂に急ぎ、ここから陸路姫路城へ帰っている」

ここに出てくる「浦伊部《うらいんべ》」とは片上にあった港町です。「法悦」とは海運で財をなした豪商・来住法悦のことで、この記述は来住家に伝わる文書をもとに書かれたものと思われます。

推測すれば、おそらく秀吉は備中高松に出陣の際には、姫路城を出て赤穂で船に乗り、片上で下りて法悦の屋敷に泊まったのでしょう。問題は、姫路への「帰路」です。この文章を見るかぎり、秀吉はやはり船で片上から赤穂まで移動したことになり、すなわちそれは、中国大返しのときの行動とも読みとれるのです。

もっとも史料によっては、秀吉は帰路にも法悦の屋敷に立ち寄る約束だったが京都に急遽向かうことになったので約束を果たせなかった、とも記されているようですので、あまりこの記述にこだわるべきではないと思われますが、少なくとも、秀吉が姫路から備中高松への往路に船を使った可能性は高そうです。

状況的にも、船による移動は十分にありえることと思われます。まず、当時、備前を治めていたのは、秀吉の配下でのちには猶子《ゆうし》にもなった宇喜多秀家でした。ただし幼少のため、叔父の宇喜多忠家が指揮を執っていました。忠家は当然ながら近辺の地理にくわしく、瀬戸内海の水軍衆（海賊）にも人脈がありました。忠家が秀吉の計画立案に参画し、水軍衆に根回しをして、船を準備したことは十分に考えられます。また、前田和實氏（元専修大学准教授）によれば、備中高松城の水攻めでは、瀬戸内海に浮かぶ直島に城をもつ水軍の将・高原次利が秀吉軍の水先案内人をつとめ、その功績で秀吉から600石を与えられたそうです。じつは瀬戸内海は案内なしで航海するのは危険な海です。筆者も宇野付近でヨットに乗ったとき、島が多く、潮が速く、干満差が大きいため渦を巻くところも多く、非常に怖さを感じました。潮を知らないと帆船は流されてしまいます。潮を熟知した地元の水軍衆の案内がなければ、航海は難しいのです。

このように水軍衆に水先案内をされた経験があれば、むしろ秀吉が大返しにおいて海路利用を着想することは、きわめて自然のなりゆきだったのではないでしょうか。

船で2万人を運べるか

しかし、海路での大返しには、どれだけの人数が船に乗れるのかという問題があります。第1

章で、文永の役での蒙古の大型軍船の搭載人数を1隻当たり180人と想定しましたが、その場合は2万人を運ぶには100隻以上も用意しなくてはなりません。では、大返しの当時、日本の船はどのような大きさだったのでしょうか。

戦国時代の船といえば有名なのは、織田信長が石山本願寺攻めの際の第一次木津川口の戦いで、毛利氏率いる毛利水軍に苦しめられたため、九鬼水軍の頭領である九鬼嘉隆に建造させたとされる鉄甲船です。全長約22m、幅12mほどの木造の船に、厚さ約3㎜の鉄板を貼って装甲した大船で、当時は世界にも類を見ないものでした。くわしい記録は残っていないのですが、2階建ての戦闘用矢倉の上に3層の天守閣を構え、大砲3門と多数の鉄砲を備えていたといわれ、そのとおりならまさに「戦艦」です。第二次木津川口の戦いでは、鉄甲船からの1貫目玉の巨砲に、毛利水軍は徹底的に打ちのめされたといいます。

気になるのは鉄甲船が何人乗りだったかですが、奈良の興福寺の僧侶が記した『多聞院日記』には、「人数五千人程のる」とあるようです。しかし、鉄甲船1隻に5000人も載せるのはさすがに難しく、5000人は船団の合計人数であったと思われます。

戦国時代の軍船には、大型の「安宅船《あたけぶね》」、中型の「関船《せきぶね》」、小型の「小早《こはや》」という3種類がありました（図2-10）。じつは信長の鉄甲船は、安宅船に鉄板を貼ったものでした。しかし、中国大返しにおいて宇喜多忠家や高原水軍が秀吉に船を用意したとすれば、安宅船ではなく、関船だ

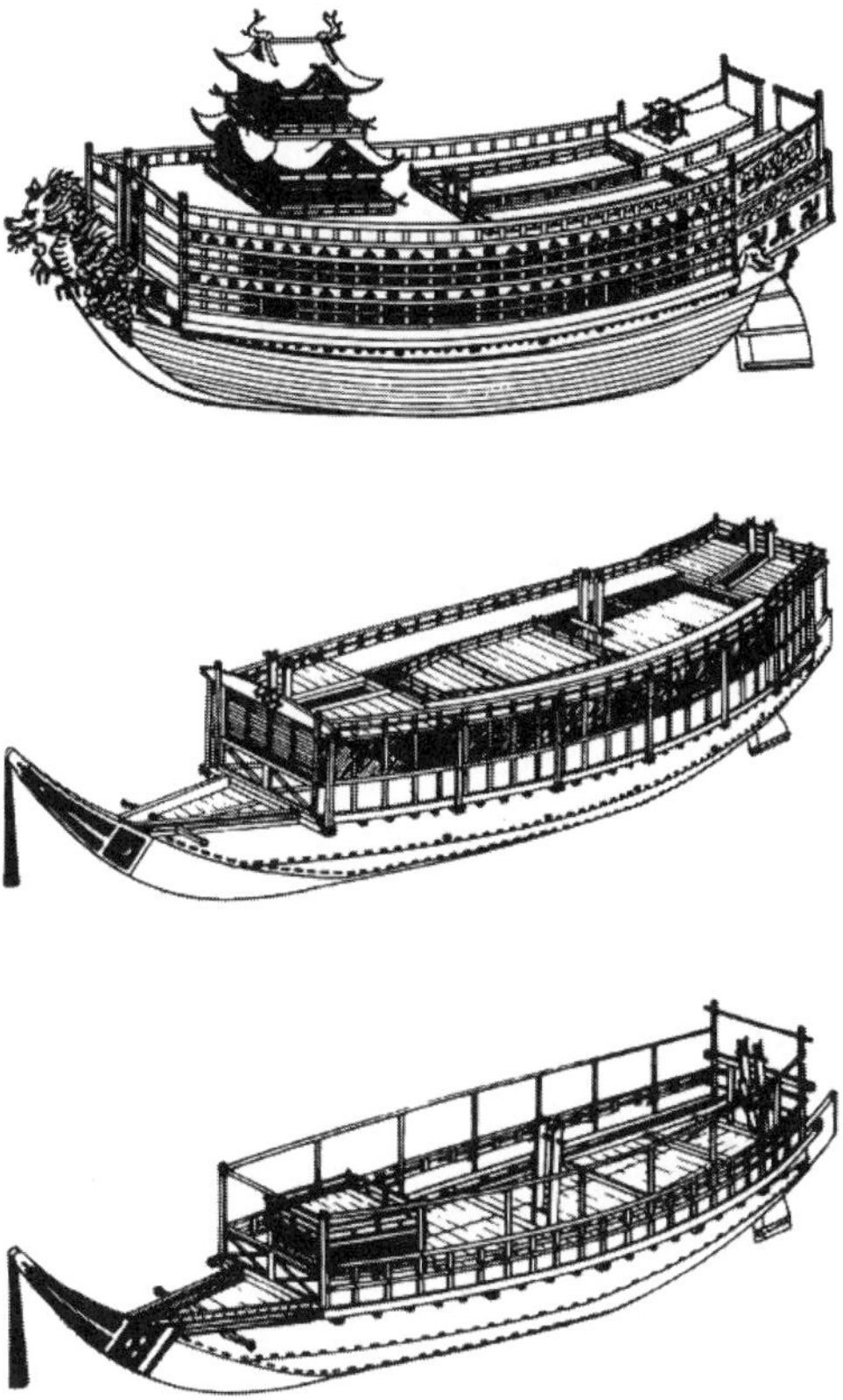

図2-10　戦国時代の軍船
上から安宅船、関船、小早（『精選版 日本国語大辞典』より）

ったはずです。当時の瀬戸内海は海運が非常に盛んでしたが、軍用としても輸送用としても、安宅船よりも機動性のある関船が活躍していました。なお、これは余談ですが、中世までの帆船の帆には莚が使われていましたが、戦国時代に綿の生産が盛んになって軽い綿帆が使用されるようになると、船の速度が上がり、輸送力も増していました。

しかし、関船は100〜500石積みで、積載可能重量は最大でも75t前後ですから、1隻に乗れる人数は最大で200人です。したがって、2万の兵をすべて乗せるにはやはり100隻も必要になり、さすがにこれだけの関船を集めるのは、瀬戸内海の水軍の総力をあげても不可能でしょう。

だとすれば、海路を利用するという奇策には意味はないので、検討する価値はなかったのでしょうか。いや、そうではなかったと筆者には思われます。

海路を利用した秀吉の真の狙い

前にも述べたように、1人の兵士が背負う荷物の重さは、食料を除いても鎧、兜、武器などで20kgほどにもなります。もしもこれを船で運ぶことができれば、兵士たちは重荷から解放されて、船坂峠を越えるのも楽になり、行軍による消耗はかなり軽減されるはずです。

全軍では荷物の量は食料を除いても20kg×2万で400tにもなりますが、関船が6〜8隻あれば積める計算です。これくらいの数なら宇喜多忠家が水軍衆と連携して、備前片上に用意することは可能と思われます。

ここからは筆者の推測の域を出ませんが、もしも中国大返しが海路を利用したものであったとすれば、船に乗ったのは秀吉と、直属の騎馬隊や側近のみで、あとは兵士たちの防具や武器、弾薬などの輸送に使われたと考えるのが現実的ではないかと思われます。

軽装になった兵士たちは、船坂峠を越えることはできたと思います。しかし、それでも通説のような高速行軍が可能になったかといえば、やはり多くの問題があり、そうとは言い切れない気がします。したがってここでは、徒歩で京都に向かった兵士たちが、光秀との戦いが始まった6月13日までに山崎に全員到着したかどうかは問わないことにして、一つのシナリオを考えてみます。

秀吉直属の騎馬隊と側近が6月6日、沼城を出て片上の港に向かい、高原水軍が用意した1隻の関船に乗って、赤穂の海岸まで航行して上陸、そこから姫路城に入りました。姫路城から山崎までの行程は、距離と日数からして、陸路でも十分に可能と考えられます。言い換えれば、中国大返しは沼城から姫路城までの船坂峠を含む行程の厳しさが問題なのであり、山崎の戦いでの勝敗は、大将の秀吉がそれをいかに回避して京都に早く到着するかにかかっていた、という考え方です。

姫路城に入った秀吉は、光秀に味方すべきかどうか、今後の動静をうかがっている近畿地方の多くの武将たちに書状を出し、すでに自分は姫路城から京都に接近中であることを喧伝します。実際は直属騎馬隊のみが先行しているのであっても、秀吉が急行中という情報を与えるだけで、絶大なインパクトがあったと思われます。もちろん謀反人を討つという大義名分も大切ですが、それだけでは一族郎党の命もあずかる武将たちは決断できません。日和見している武将たちを、スピードにものをいわせて動かすことにこそ、秀吉の狙いがありました。

結果として、山崎の戦いに参戦したおもな武将と動員兵数は以下の通りでした。

高山右近・木村重茲：合計2000
中川清秀：2500
池田恒興・池田元助・加藤光泰：合計5000
丹羽長秀：3000
織田信孝：4000
秀吉本隊：20000

丹波長秀、織田信孝、秀吉本隊を除けばいずれも、畿内やその周辺に勢力をもつ武将たちで、織田信長に帰属していました。彼らは中国大返しの最中に光秀と秀吉を天秤にかけて、秀吉を選んだのです。

結局、大返しをした2万人の秀吉本隊は、人数としては記録されていても戦いには間に合わなかったか、間に合ったとしても到着はばらばらで、かつ疲労のため実質的には戦えなかったと思われます。しかし、秀吉にしてみれば、それはもともと計算ずみでした。彼にとって何より重要なのは、自分がいちはやく備中高松から引き返し、諸将に現在位置の情報を送りながら、京都に驀進することでした。そうすることによって、「秀吉は謀反人を成敗するため神業のような速さで戻ってきた」というストーリーをつくりあげ、迷える武将たちの心をつかみ、味方に引き入れたのです。つまり、みずからの本隊2万人は最初から戦力として計算せず、畿内やその周辺の諸将たちに戦わせるという大胆きわまりない戦略です。

それは光秀の戦力を削る効果もあげたと思われます。光秀も畿内や周辺の諸将の加担を期待していましたがかなわず、さらには旧来の友人であった細川藤孝や、筒井順慶にまで参陣を断られています。

図2-11は、山崎の合戦での両軍の布陣です。最前線で光秀軍と対峙しているのは、いずれも新たに秀吉に加担した武将たちです。これこそが、秀吉が思い描いた中国大返しの完成図だったのかもしれません。「作戦勝ち」という言葉がこれほどみごとに当てはまる例は、世界の合戦史

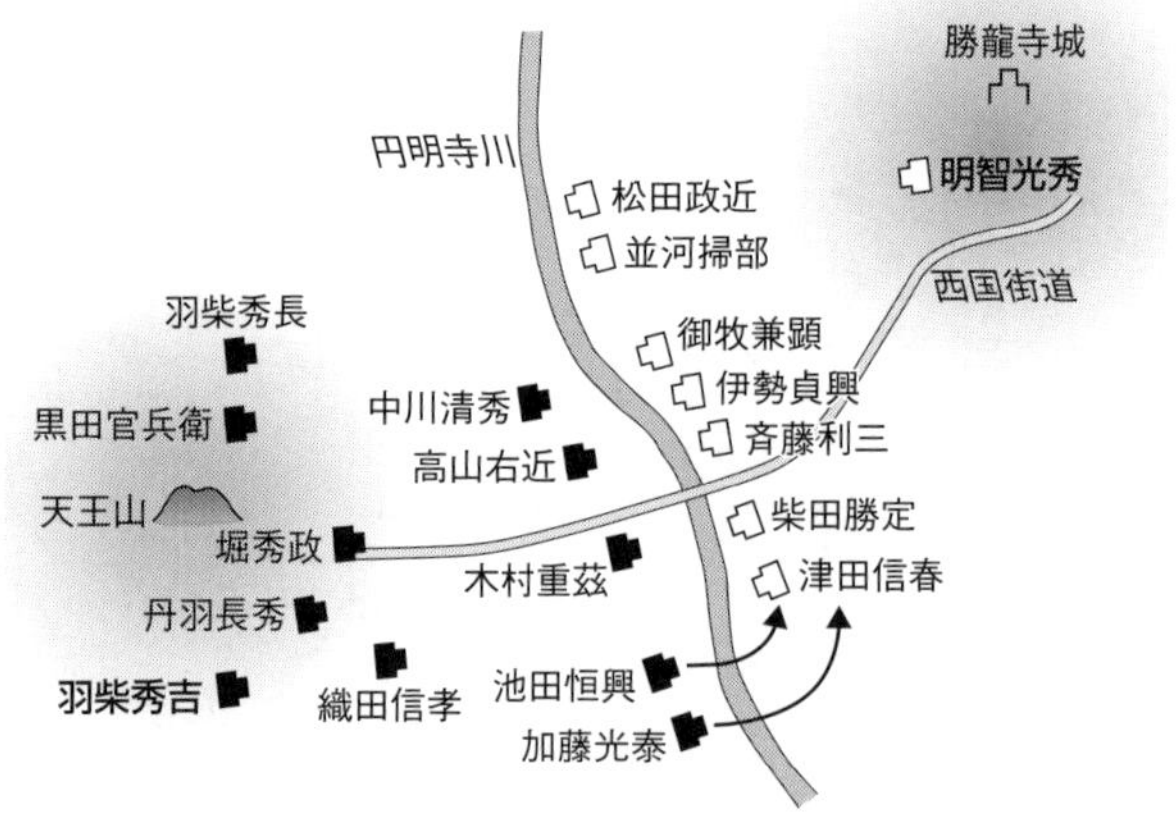

図2-11　山崎の合戦の布陣図

上でも稀なのではないでしょうか。

「AHP」による意思決定の分析

ここで、6月3日の夜に戻り、備中高松で本能寺の変の急報に接した秀吉の立場になって、私たちなら京都までどのようにして引き返すかを考えてみましょう。具体的には、陸路か海路かの二者択一です。黒田官兵衛のような頼れる軍師はいませんが、そのかわりとして、意思決定を客観的に行いたいときによく用いられる「AHP」(階層分析法)という方法を使ってみます。

AHPとは、Analytic Hierarchy Processの頭文字で、ある選択をする際に評価基準が2つ以上あるときに、どの選択肢を選ぶべきかを計算によって導く意思決定法です。1970年代にピッツバーグ大学のサーティ教授が創始したもので、数学と心理学がベースになっています。

たとえば、あなたが新しいスーツを買おうとしているときに、価格は高いけれど品質はすぐれている製品と、価格は安いけれど品質はあまりよくない製品という2つの選択肢があるとします。このときどちらを選ぶかは、画一的に品質と価格のどちらを優先するかだけではなく、それぞれをどの程度重視するかも加味しないと判断が難しいものです。なぜなら、どのくらいの価格までなら払えるか、品質がどのくらいまでなら我慢できるか、といった「重み」の判断も必要になるからです。

そこでAHPでは、意思決定までのプロセスを3段階に階層化して、自分は何をどのくらい求めているのかを分析していきます（図2－12）。

レベル1の階層は「目的」です。つまり、あなたは何のために意思決定をするのか、ということで、この場合は「スーツを買うこと」になります。

レベル2の階層は「評価基準」です。つまり、あなたが選択肢を評価するときの基準のことで、この場合は「品質」や「価格」がそれにあたります。

レベル3の階層は「選択肢」です。これはもちろん、実際に目的達成のために選ぶもののことで、この場合は「価格は高いけれど品質はすぐれているスーツA」「価格は安いけれど品質はあまりよくないスーツB」の2つとします。

AHPでは、この3段階の階層を書き出したら、まず、基準に「重み」をつけて、あなたがどちらをどれだけ重視しているかを決めます。あくまで主観的な見積もりにはなりますが、重視する度合いは次のように表現されて、得点が与えられます。得点は奇数で与えるのが普通です。

同じくらい重視する	1
やや重視する	3
かなり重視する	5
非常に重視する	7

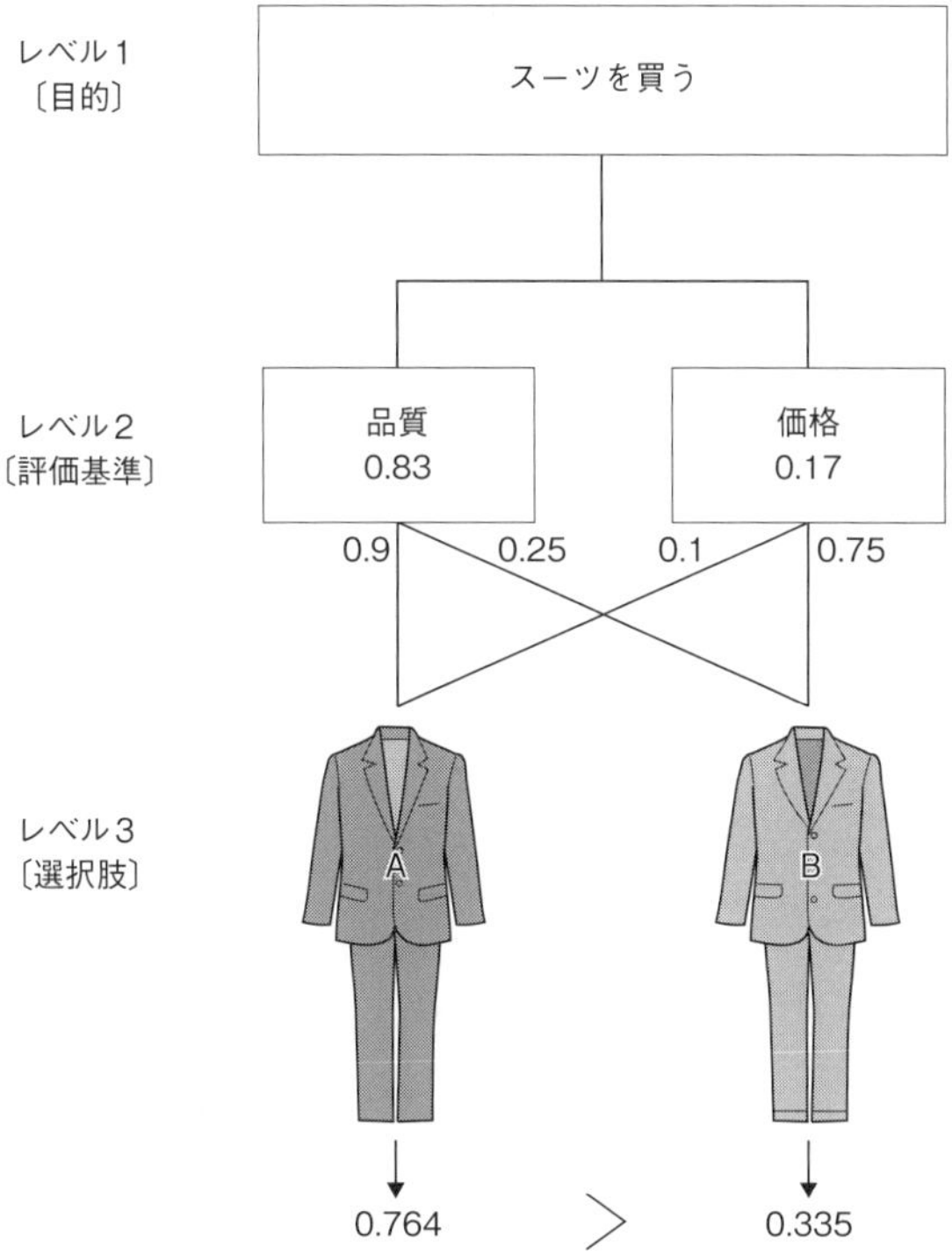

図2-12　ＡＨＰによる意思決定のプロセス

絶対的に重視する　9

どちらも同じくらい重視するなら1：1、価格はかなり高くても品質を重視するなら、品質に「かなり重視」の5点が与えられ品質：価格＝5：1とします。合計値が1となるようにすると、

品質の重み≒0・83　価格の重み≒0・17

となります。

次に、レベル2の階層基準が、それぞれの選択肢ではどのくらい優先されているかを検討します。これを基準の「優先度」といい、重みと同様の評価のしかたで点を与えます。

その結果、スーツAは、品質は文句なしにすばらしいが価格もとびきり高いことがわかれば、品質：価格＝9：1と見積もります。

スーツAのそれぞれの優先度は、

品質の優先度＝0・9　価格の優先度＝0・1

となります。一方のスーツBは、品質がいいとはいえないけれど、この価格ならばしかたないかという程度であれば、品質1：3価格と見積もります。

スーツBのそれぞれの優先度は、

品質の優先度＝0・25　価格の優先度＝0・75

となります。一見、少し迷いそうな状況とも思われますが、あなたはどちらのスーツを買うべ

きでしょうか。その答えは、次の式で導かれます。

品質の重み×品質の優先度+価格の重み×価格の優先度

それぞれの選択肢でこれを計算し、値が大きいほうを選ぶのです。すると、

スーツAは、0・83×0・9+0・17×0・1=0・764

スーツBは、0・83×0・25+0・17×0・75=0・335

となり、あなたはスーツAを選ぶべきであることがわかります。

この答えには直感でも行きつけるかもしれませんが、このように自身の意思決定のプロセスを分析することによって、重みや優先度がどう変化すると結果がどう変わるかも見当がつくようになり、行動の指針としても有効と思われます。

「AHP」で選択する中国大返しの方法

では、1582年6月3日の夜、備中高松で、なんらかのかたちで本能寺の変が起きたことを知った秀吉の立場で、AHPによる意思決定をしてみましょう。もちろん、その状況の複雑さはスーツを買うときの比ではなく、評価の基準や選択肢も多岐にわたりますが、ここではあえて単純化して、京都へ引き返すのに陸路をとるか、海路をとるかの二択で考えてみたいと思います。

まず、レベル1の階層である意思決定の目的は、「備中高松から京都への移動」です。その後

の光秀との決戦をできるだけ有利に迎えるための移動方法ということです。

レベル2の階層である評価基準として、最初に思いつくのはなんといっても「速度」です。では、もう一つはどうすべきでしょうか。速度と対立軸にあるものとしては、速度を抑えて進むほど多くの兵が少ない消耗で京都にたどりつけるので、「兵力」とします。

レベル3の階層の選択肢は「陸路」と「海路」です。陸路案は、秀吉以下の全軍が山陽道を通って京都へ急ぐというものです。ただし、通説のように約220kmを8日間で踏破するといった非現実的な計画を立てることはできません。京都に到着後に戦える程度の消耗に抑えられる日数としては、一日に20km進むとして、11日間ほどでしょうか。

一方の海路案は、さきほど述べたように、秀吉と直属騎馬隊や側近だけが片上から赤穂まで船に乗って姫路城に急ぎ、京都に先行するというものです。

では、レベル2の評価基準の重みづけをしてみましょう。これから私たちが天下取りをめざすなら、最も重視すべきは速度であろうと思われます。光秀に応戦準備をする時間を与えないことも当然ながら、各方面に散っている織田家の諸将、なかでも最大のライバルである北陸の柴田勝家が引き返してくると、信長の後継者として絶対的な地位を占めることができなくなるからです。結果として、謀反を知った柴田勝家は18日には近江（滋賀県）にまで戻っていました。かりに秀吉の到着が5日遅れていたら、天下の形勢は混沌としてしまっていたでしょう。

兵力は、速度を上げると落伍者を出すリスクは大きくなるものの、日和見の武将たちを抱き込むなどの努力しだいで挽回できる可能性があります。

したがって、基準の重みづけは、速度を「非常に重視」して速度7：1兵力とします。合計値を1とすればこうなります。

速度＝0・875　　兵数＝0・125

次にレベル3、それぞれの選択肢の優先度です。陸路は、兵力が必要最小限に保たれる範囲で速度を上げようという考え方ですから、速度を「やや重視」とみて、速度3：1兵力、つまり、

速度＝0・75　　兵力＝0・25

とします。一方の海路は、京都まで8日間という通常ではありえない速度をめざすかわりに、兵士を置いてきぼりにすることも辞さないという偏った考えです。ただ、船には兵の防具や武器を載せる配慮もしていますので速度を「非常に重視」として、速度7：1兵力、つまり、

速度＝0・875　　兵力＝0・125

とします。では、計算してみましょう。

陸路は、0・875×0・75＋0・125×0・25＝0・6875

海路は、0・875×0・875＋0・125×0・125＝0・78125

となり、私たちが大返しをするときも、やはり海路をとるべきであると結論が出ました。ただ

し、意外に微差であることもわかりました。

通常、AHPが用いられるのは評価の基準や選択肢が3個以上ある場合です。このようにどちらも2個だけなら、わざわざ計算しなくても正解を選ぶのは簡単でしょう。しかし、AHPの有効性は、計算に至るまでの基準の重みづけと、選択肢の優先度を十分に検討することによって、自分がおかれている状況を正確に把握することにもあると思われます。

こうした方法を知らず、実際にはこれらよりはるかに多い要素を瞬時に検討して、速度を極端に重視するという意思決定をした秀吉はまさに天才であり、天下人になるべくしてなった武将であったと思われます。織田信長と同様、戦いにおける機動の原則を知っていた、日本人には稀に見るタイプの人物だったともいえるでしょう。

中国大返しの大きすぎるリスク

ただ、後世の人間はえてして、凡人離れした鮮やかな面ばかりを賞賛しがちですが、英雄と呼ばれる人々には、決して一か八かのギャンブルに運命を委ねず、リスクを小さくする努力を最後まで怠らないという共通点があるように思われます。信長の桶狭間の戦いも、近年の研究では、出たとこ勝負の奇襲ではなく情報戦の勝利であった可能性が高いとされてきていますし、徳川家康も関ヶ原の戦いに臨むまでの準備は周到きわまりないものだったようです。

そうした観点からみたときに、秀吉の中国大返しは、いくら目の前に天下がぶら下がっていたとはいえ、かなりのリスクをともなう軍事行動だったように思われるのです。

まず、情報を信じることのリスクがあります。というのも、6月3日の夜に本能寺の変を知ってから、4日に毛利と和睦し、5日に軍勢を整え京都へ出発するという異様なまでに迅速な行動は、「光秀が信長に叛いて殺した」という情報が絶対に正しいという確信があって初めてできることだからです。かりにそれがなんらかの誤りで、謀反の事実などなかったとしたら、どうでしょう。変の報に接するや独断でただちに毛利と講和し、すぐさま全軍を引き払い、近隣諸将に書状をばらまきながら京都に駆けつけた秀吉を、信長はあっぱれな忠義者と思うでしょうか。常識的には、腹に一物ありと疑われるでしょうし、勝手に戦線を離れた罪を問われて切腹を命じられてもおかしくありません。情報は百パーセント正しくなければならないのです。

しかし、謀略情報がつねに飛び交い、偽書の類もたくさん発見されている戦国時代に、２２０km離れた地で起こったことについて、即座に信用できる情報を得るのは容易ではないでしょう。リアルタイムに映像でニュースが見られる現代とは違うのです。少なくとも、道を間違えた使者の一片の密書だけでただちに行動を起こすなどということは、ありえないと思われます。そもそも当の秀吉自身が6月5日に、摂津の中川清秀に対して、いま京都から下ってきた者から聞いた確かな話として、このようなことを手紙に書いて送っているのです。

――上様ならびに殿様いづれも御別儀なく御切り抜けなされ候。膳所が崎へ御退きなされ候。

つまり、信長（上様）も、信長と同じ日に自害した長男の信忠（殿様）も無事に難を切り抜け、近江膳所（滋賀県大津市）まで逃れているということです。もちろん、とんでもない虚偽の情報であり、秀吉がこの時点ですでに、謀反は失敗だったと清秀に思わせて光秀に加担させないようにし、光秀との決戦を有利に運ぼうという明確な意図をもっていたことがわかります。秀吉は速度とともに情報の重要性も知っていました。

秀吉は常時、京都からの情報が入るような隠密のルートとして、山陽道と、もう一本、京都から丹波・但馬国境の夜久野、但馬の和田山を経て生野街道を通り姫路に至る街道を整備していたとの研究もあり、これらを通じてもたらされた情報であった可能性はあります。

また、もしも実際の中国大返しが本当に、ここで述べたような海路を使ったシナリオであったとすれば、やはり兵力の問題は大きな不安材料です。本隊の2万人は合戦には間に合わないか、間に合ったとしても疲労して使いものにならないことは確定的である以上、畿内や周辺の武将たちを味方につける以外に活路はないのです。その成算がもてないままに、大博打を打つような秀吉ではないと筆者には思われます。しかし、変が起きたあとの数日間に出した手紙だけで、日和見の武将たちに合戦で兵を出すことを確約させるほどの関係を築けるものでしょうか。

海路利用のシナリオには、この点を合理的に説明できないという難があります。ＡＨＰによる意思決定でも、評価基準として速度をそこまで重視できないのであれば、海路と陸路の点数が逆転して、陸路が正解となりそうです。

これらのリスクをできるかぎり小さくする算段をせず、破滅の危険を冒してまで中国大返しという離れ業に挑むようなことは、秀吉は決してしないと筆者は考えます。そこまでしなくても、天下を取るチャンスは再びめぐってくるかもしれないのですから。

リスクを小さくするには

では、秀吉はどのようにしてこれらのリスクを回避したのでしょうか。

情報のリスクについては、何か重大事が発生したときは、信頼できる報告がすぐに入るようなしくみが、あらかじめつくられてはいたのでしょう。ただ、6月2日の早朝に京都・本能寺で変が起こったことをいちはやく察知して、信長や織田家当主の信忠が落命し、謀反人が光秀であることが絶対に間違いないと確認したうえで、翌3日の夜までに備中高松の秀吉に知らせるというのは、相当な難事であることはたしかです。戦国武将が諜報活動のために用いていたとされる、いわゆる「忍者」なら可能なのでしょうか。いずれにしても、それ相応の備えをしておかなければ、このような速さで変の情報を得ることはできなかったと思われます。

兵力のリスクについては、やはり秀吉は事前に畿内や周辺の武将たちに、具体的には明かさないまでも、何か「こと」が起きたときは自分に味方してほしいと要請していたと考えるのが自然でしょう。おそらく恩賞なども約束し、確約に近いところまでとりつけていたのではないでしょうか。さらに秀吉には、備中高松からの高速反転を武将たちに強く印象づけることで、彼らが自分に加勢する意志をより強固にするだろうという読みがあったと思われます。

とはいえ、戦国時代の確約などはいつ反故になってもおかしくありません。兵力のリスクは、できるかぎり小さくしておきたいところです。そのためには、やはり本隊の2万人をできるかぎり戦場で使える状態で京都まで動かすことを考えるべきでしょう。

繰り返しますが、6月3日の夜に変報に接し、そこから大急ぎで準備をして8日間で京都まで行軍させた兵で戦って、勝てるかもしれないなどと期待するのは運を天にまかせる神頼みでしかありません。2万の兵の消耗を最小限にとどめるには、不可能を可能にするシナリオの（1）として前述したように、事前に何重もの準備をしておくしかないと思われます。とくに雨中の野営における体調管理や衛生面の対策と、船坂峠を越えるにあたって落伍者を出さないための施策は不可欠で、それらに十分に配慮して高速行軍をするには、事前に入念な計画を立てておく必要があります。

以上より、中国大返しにともなうリスクを小さくするには、あらかじめこのような行軍が必要になることを想定し、それを実行するために時間をかけて、さまざまな準備をしておくしかないことがわかります。言い換えれば、そうした準備が整い、リスクより成功の期待値のほうが十分に大きくなったと判断したからこそ、秀吉は中国大返しに踏み切ったのでしょう。

では、なぜ秀吉はあらかじめこのような事態を想定することができたのでしょうか。

ここからは歴史家の研究領域であり、私が口をはさむべきことではありませんので、検討はここまでとさせていただきます。

秀吉の中国大返しについて、大軍が長距離を高速で移動する際の問題点に注意しながら筆者が検討した結果、次のような結論が導かれました。

日本史サイエンス　中国大返し

一、通説どおり、事前の準備なく全軍2万人が8日間で全行程を踏破することは、食料調達の困難さ、雨中の野営と船坂峠越えによる体力の消耗などから不可能と考えられる。

一、大返しを可能にするためには、事前に相当な準備が必要と考えられる。

一、秀吉は本隊と分かれ、海路を利用して船坂峠を回避し、京都に急ぎながら畿内や周辺の武将たちを味方につけて、山崎の戦いでの主戦力としたと考えられる。

筆者は少なくとも、このような高速行軍が本当に可能だったのか、もっと科学的な議論があってもよいのではないかと考えます。それが本能寺の変の真相解明にも影響してくるからです。検討課題として、筆者がまとめた中国大返しのタイムテーブルを最後に掲げておきます(図2-13)。

検証してみてとくに感じたのは、大軍を動かすときには必要な物資もとてつもない量になるということでした。ひとくちに何万人、といわれているほかの大軍移動も、物資の面に注目してみると違った様相が見えてくるかもしれません。

	① 6/5 ☂	② 6/6 ☂	③ 6/7 ☂	④ 6/8 ☀	⑤ 6/9 ☀☂	⑥ 6/10 ☂	⑦ 6/11 ☀	⑧ 6/12 ☀☂	⑨ 6/13 ☂
13:00 高松城 ↓ 15:00 岡山城	8km 2h 時速 4km （半数が野営）								
13:00 岡山城 ↓ 18:00 沼城		15km 4h 時速 3.8km （多くが野営）							
6:00 沼城 ↓ 18:00 船坂峠			34km 11h 時速 3.1km （野営）						
6:00 船坂峠 ↓ 19:00 姫路城				40km 12h 時速 3.3km （半数が野営）					
6:00 姫路城 ↓ 19:00 明石					40km 12h 時速 3.3km （野営）				
7:00 明石 ↓ 15:00 兵庫						22km 7h 時速 3.2km （野営）			
7:00 兵庫 ↓ 16:00 尼ヶ崎							26km 8h 時速 3.3km （野営）		
7:00 尼ヶ崎 ↓ 14:00 冨田								23km 6h 時速 3.9km （野営）	
7:00 冨田 ↓ 10:00 山崎									11km 3h 時速 3.7km （合戦）

秀吉と側近は船で移動か？

図2-13　中国大返しのタイムテーブル
筆者が妥当と考える行程と諸条件（行軍時間には休憩を1時間加算した）

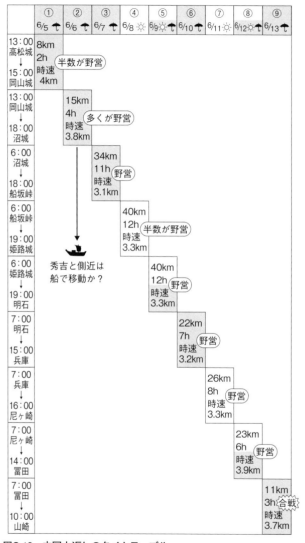

第3章

戦艦大和は無用の長物だったのか

わずか3年4ヵ月の「生涯」

1945（昭和20）年4月7日、午後2時23分。鹿児島県の坊ノ岬沖で、世界最大にして最強の戦艦が、巨大な火柱と黒煙を噴き上げながら沈没しました（図3－1）。船体はおびただしい数の爆撃や雷撃を受け、爆発して無残にも3つに折れていました。その艦名「大和」は日本国の別称でもあります。国家の危機には神風が吹くという蒙古襲来から信じられてきた神国思想は、絶対に沈まないと信じられていた戦艦とともに、海の藻屑と消えたのです。

人間にたとえれば、じつにあっけない一生でした。真珠湾攻撃によって太平洋戦争が勃発して8日後の1941（昭和16）年12月16日に誕生した戦艦大和は、帝国海軍、いや日本そのものの浮沈の鍵を握る存在として期待されました。しかし、実際の戦闘に参加した回数はごくわずかでしかなく、自慢の46cm砲が敵艦に火を噴くこともほとんどないまま、3年4ヵ月の生涯を閉じました。そのため戦艦大和は、図体だけは大きいのに役に立たなかったものとして、ピラミッド、万里の長城とともに「世界の三大無用の長物」と揶揄されてもいます。

私事ながら筆者は同年11月に大和より21日だけ早くこの世に生を享けた、いわば〝同期生〟です。そのこともあって、幼いころより大和には親しみを感じていました。2019年に、大和建造計画をめぐる漫画作品『アルキメデスの大戦』（三田紀房氏著）が映画化されたときは製図監

図3-1　沈没する戦艦大和

修を依頼されて、撮影に使用する大和や長門などの戦艦、あるいは空母などの設計図を、すべて自分で手描きしました。

こうしたご縁もあったので、少し肩入れしすぎているのかもしれません。しかし筆者は、多くの人が口をそろえるように大和が「無用の長物」であるとか、「時代遅れの大艦巨砲主義の産物」であるとまでは、言いきれないように思っているのです。

もちろん、太平洋戦争において戦艦大和が戦略上、ほとんど機能しなかったことは事実です。『アルキメデスの大戦』の主人公である数学の天才、櫂直《かいただし》（映画では菅田将暉さんが好演しました）が忌み嫌っていた軍人になったのも、海軍の巨大戦艦建造計画を阻止するためでした。新型戦艦計画決定会議の席上で、櫂はこう訴えます。

「最大級の戦艦ですと？　そんなものを造ったら戦争が起きます！　国が滅びます！」

巨大建造物の建設は、国家滅亡の前兆であることは歴史が証明している、と櫂は言います。政府が国家経営に自信を失い、国の発展の目標が見えなくなったとき、巨大なものをつくってそれにすがろうとする、そうした巨大物信仰に取り憑かれた為政者の妄動が、莫大な国家財産の損失と、国民の犠牲という悲劇を生む、と言うのです。まったくその通りであると筆者も思います。

しかしながら、こうも思うのです。あの戦争で、大和は本当に、ただ無意味で愚かで、さらには日本が敗れる一因でもあったのだろうか。大和をそのようにしか見ないのは、あの戦争に隠れているものが見えなくなることにつながるのではないか、と。この章では、そうした問いの答えを探しながら、戦艦大和を軸にしてもう一度、太平洋戦争を検証してみたいと思います。

「史上最大の戦艦」が計画されるまで

まず、大和が建造されるまでの経緯を確認しておきましょう。

第一次世界大戦で戦勝国となった英国、米国、フランス、イタリア、日本の列強５ヵ国は、その後、激しい軍拡競争に入り、とくに戦艦を競ってつくりはじめました。その建造費は膨れ上がり、国家財政を圧迫し、たとえば日本の八八艦隊の建造費予算は国家予算の約３分の１を占めるまでになりました。こうした状況を憂えた米国のハーディング大統領は、各国の戦艦保有数などを制限することを提案し、１９２２（大正11）年、ワシントン海軍軍縮条約が締結されました。これにより、主力艦保有数の比率を米国、英国、日本、フランス、イタリアで５：５：３：１・67：１・67とするように定められました。日本は米英に対して７割を主張しましたが、結果的には６割に抑えられました。しかし、この条約では主力艦（戦艦）以外の補助艦（巡洋艦、駆逐艦、空母など）についての規定はなかったため、日本が高性能の巡洋艦をつくりはじめたことへの警戒から、１９３０（昭和５）年にロンドン海軍軍縮条約が締結され、日本は補助艦の保有数の比率を米英の６・９７５割とすることが定められました。ここでも希望の７割に届かなかったことで、海軍内には条約を批准した政府への不満が募り、ここから次第に軍部はコントロールがきかなくなり、暴走を始めます。

1931（昭和6）年に陸軍が中国で満州事変を起こし、翌1932（昭和7）年に満州国を建国したことが国際的に非難を浴びて孤立した日本は、1933（昭和8）年には国際連盟を脱退します。翌1934（昭和9）年に、ワシントン軍縮条約を破棄し、それが失効する1936（昭和11）年にはロンドン軍縮条約からも脱退し、日本は無条約時代に突入しました。

巨大戦艦の設計が検討されはじめたのは、この1934年からでした。当時、米国や英国はワシントン軍縮条約に抵触しない排水量3万5000tクラスの新主力艦の建造に着手していました。一方、日本では、最大の戦艦である長門や陸奥が建造後すでに10年以上も経過し、老朽化していたため、こつこつ改造を加えてはいましたが、それだけでは、スクラップアンドビルドの思想で新造艦をどんどんつくる米英に太刀打ちするには限界がありました。当時の日本海軍首脳は、世界情勢や日本がおかれた状況から、最悪の場合は対米戦を覚悟しなければならないと考えていたようですが、米国とは国力に大きな隔たりがあるのはいかんともしがたいところでした。しかも、ワシントン軍縮条約によって、米国と同じ隻数の主力艦を建造することもできません。彼我の差は開く一方でした。そこで米国に対抗するため、数では不利でも、速度が速く、攻撃力に優れた戦艦があれば艦隊決戦に勝てるという発想が出てきました。すなわち量を質で補おうというわけです。１９３４年のワシントン軍縮条約破棄後も、国力の問題から米国のように多数の戦艦を建造できないため、日本の戦艦づくりはこの発想で計画されました。

この年の10月に、軍令部が海軍艦政本部に提出した新造艦の要求は次のとおりです。

主砲　世界最大の46㎝砲８門以上
副砲　15・５㎝砲３連装４基又は20㎝砲連装４基
最大速力　30ノット以上
防御力　主砲弾に対し２万ないし３万５０００ｍでの命中に耐えること
航続距離　18ノットで８０００海里

艦隊決戦では、より大きい砲弾をより離れた距離から撃つほうが有利です。そして当然、そうした砲のほうが破壊力も大きいので、当時の各国は主力艦にこぞって大口径主砲を採用していました。最大のものは米国の戦艦や日本の長門、陸奥が採用していた41㎝（16インチ）主砲でしたが、新造艦の計画では、一回り大きい46㎝（18インチ）が要求されています。砲弾の威力は砲弾の容積で決まり、それは弾径（砲弾の直径）の３乗に比例します。41㎝砲と46㎝砲では、弾径は46／41で１・１２倍ですが、砲弾の容積は46／41の３乗で１・４１倍となりますので、威力は

41㎝砲に比べ、46㎝砲は約1・4倍にもなるわけです。かつ飛距離も大きく、相手の砲弾が届かないところから撃てるので、艦隊決戦では非常に有利になります。

言い換えれば、数ではかなわない米艦隊に対抗するためには、このように世界最大の主砲を装備することを考えるしかなかったのです。こうして海軍艦政本部で、46㎝主砲を搭載する4隻の巨大戦艦建造をめざすA140計画が発足しました。

日本のGNPは米国の9%だった

当時の米国と日本の国力を比較してみましょう。図3－2は、太平洋戦争開戦前後5年間の、米国と日本のGNPを比較したものです。なんと日本のGNPは、米国の9%でしかありません。生産高も、石炭12%、自動車0・13%、電力24・5%、そして船や飛行機を動かすのに必要な原油はたったの0・16%でした。また、世界の有力な諸国との比較でも、図3－3のように、日本が世界の工業生産高に占める割合は微々たるものでしかありませんでした。

これらの数字をいま冷静に見ると、誰しもが、なぜ米国と戦争したのか？　と強く疑問に感じるはずです。太平洋戦争での日本の敗因はただ一つ、それは米国と戦ったことだ、とはよく言われるところですが、結局はそれが真実だったとしか言いようがありません。

いまのように情報がすぐに手に入る時代ではありませんでした。とはいえ、政治家や軍の上層

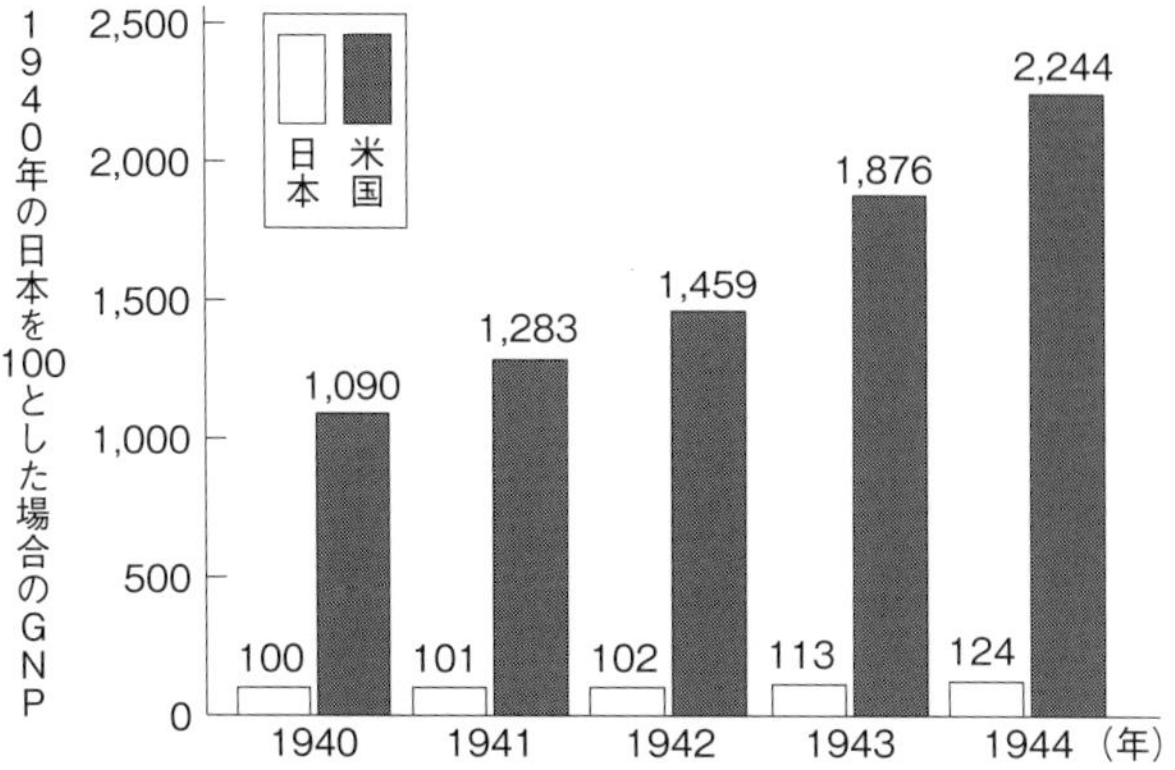

図3-2　太平洋戦争開戦前後５年間の米国とのGNP比較

部は当然、この国力の差は把握していたはずです。にもかかわらず、なぜ日本は米国と戦ってしまったのでしょうか。

筆者には、日本の指導者たちが本当に国力の問題の重要性を理解していたとは思われません。まだしもだったのは海軍で、軍艦を英国で建造したり、練習航海で海外を訪れたりする機会が多かったため、海外の情報にある程度ふれることができ、それをベースに、世界各国と比べて日本がどのくらいのレベルかを合理的に判断できたと思われます。日独伊三国同盟が締結され、米国との対決ムードが高まってきた１９４０年、近衛文麿首相は海軍の山本五十六連合艦隊司令長官に、米英を相手に戦争をした場合の勝算について尋ね、山本はこのように答えています。

「どうしても戦えと言われれば、最初の半年や1年は存分に暴れてご覧に入れます。しかし、２〜３年先の

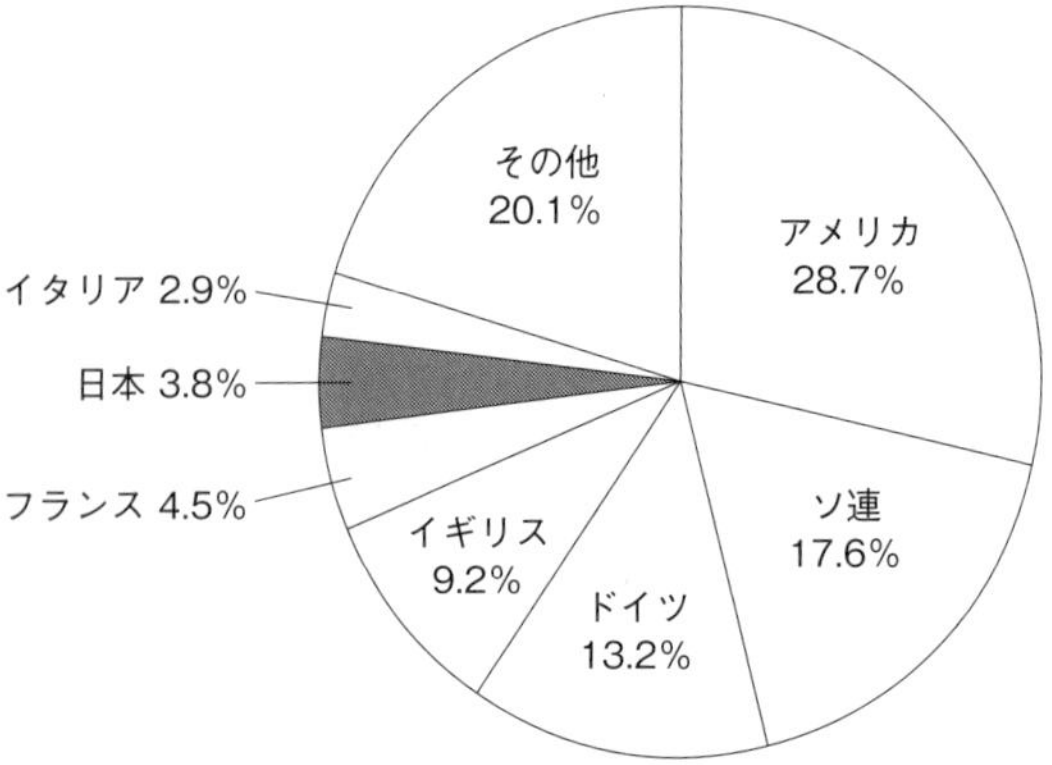

図3-3　世界各国と日本の工業生産高比較（1938年当時）

ことはまったく自信がありません。三国同盟ができたのはもうしかたありませんが、日米戦争は極力避ける努力をお願いします」

とはいえ、現状認識に甘さがあったのは、陸軍も海軍も、そして政治家も同じだったのではないかと思われます。彼らの多くは、かつてのジャイアント・キリングの記憶から、まだ抜け出せていなかったようです。

日本海海戦の〝呪縛〟

1905（明治38）年、日露戦争に日本が勝利したニュースは、世界中に衝撃を与えました。なにしろ、つい数十年前まで鎖国をしていて西洋の文明を知らず、近代的な軍隊など見たこともなかった小さな後進国が超大国ロシアを破ったのですから、欧米列強の植民地となって搾取されているほかのアジア諸国も熱狂

図3-4　日本海海戦で指揮をとる東郷平八郎

しました。この勝利から日本は列強に肩を並べる存在と認められるようになり、幕末に締結した各国との不平等条約がようやく改正されていったのです。

まさに奇跡ともいえるこの勝利でも圧巻だったのは、ロシアが誇る無敵のバルチック艦隊を、東郷平八郎大将率いる連合艦隊が完膚なきまでに叩きのめした日本海海戦でした（図３-４）。当時の海戦は、大型の戦艦を主力艦とし、巡洋艦など複数の補助艦が護衛する艦隊を編制して、敵艦隊と雌雄を決する艦隊決戦主義が世界の趨勢となっていました。各国は競って大型戦艦の建造に邁進するようになっていました。そうした時流のなかで、新興国家日本の連合艦隊が、世界最強のバルチック艦隊に対し、沈没した船の隻数で日本３（水雷艇のみ）、ロシア19、戦死者数で日本117、ロシア4830という、海戦史上に例がないほどの一方的な勝利をおさめたのです。

この快挙に、酔いしれるなというほうが無理だったのかもしれません。日本海軍はこのときから、艦隊決戦こそ王道という考え方に固執するようになります。

その後、日本は自力での軍艦建造に邁進しますが、時は移り昭和に入ってしばらくすると、航空機の発達がめざましくなります。山本五十六などは、これからは航空機の時代であり、速力の遅い戦艦などは役に立たないと考えて、空母から飛行機を発着させる訓練をするようになりました。しかし、大多数の海軍首脳は、いわば日本海海戦の〝呪縛〟から逃れられず、艦隊決戦主義に凝り固まり、飛行機ごときが戦艦に勝てるはずがないと侮っていました。

とはいえ大勝利の記憶に浸り、慢心していたのは決して軍人だけではなかったと思われます。政治家も、マスコミも、いや日本人全体が、ロシアを倒したことで自信過剰になっていたような気がします。日本海海戦の勝利は、東郷大将や作戦参謀・秋山真之らが知力と気力のかぎりを尽くして、勝利の可能性を合理的に追求した結果にほかなりません。にもかかわらず、東郷大将は「軍神」に祀り上げられてしまい、この国にはいざとなったら神風が吹いて奇跡が起こるといった、蒙古襲来にはじまる根拠のない神国思想を増幅することにもなりました。そうした楽観的な気分が、対米決戦への背中を押してしまったのではないでしょうか。

米国戦艦が抱えるハンディ

こうして米国を仮想敵国とした日本海軍は巨大戦艦を計画し、戦艦大和の建造へと向かっていくのですが、その背景には、理にかなった思惑もありました。

東で大西洋、西で太平洋に面している米国は、どちらの海にも展開できる海軍をもつ必要があります。そのためには、戦艦はパナマ運河を通過しなくてはなりませんが、運河の幅は33・５ｍで、戦艦が通るときは運河の両側から機関車で牽引するため、長さ約２７４ｍ（９００フィート）以内、幅約32・３ｍ（１０６フィート）以内と大きさが制限されるのです。

主力艦が搭載する主砲の口径は、設計上、戦艦の長さと幅によって大きさが決まりますが、米国の戦艦はこうした理由から、主砲も41㎝（16インチ）以内に抑えなくてはなりません。

当時、日本最大の戦艦だった長門（全長２１６ｍ、幅28・６ｍ）にも初めて41㎝砲が搭載されましたが、もしも船体の幅を38ｍくらいに広げると、46㎝（18インチ）砲が搭載可能となります。すると、前述したように威力が41㎝砲の約１・４倍にもなり、到達距離も大きくなって、攻防ともに圧倒的に有利になります。

このように米国海軍が抱えるハンディをついて圧倒的に強い戦艦をもつことによって、国力の差による数の劣勢を補い、米国に対抗できるという目論見はあったのです。

敵の弱点を徹底的につくることは戦略の鉄則です。海軍が戦艦大和をつくったことを「時代錯誤」「大艦巨砲主義の落とし子」などと批判する意見も多いようですが、大和をつくったこと自体は、決して明らかな間違いではなかったと思われます。

そもそも、戦艦大和が計画された1934年当時はまだ、世界的にも、海戦においては戦艦が主役という考え方が一般的でした。米国にしても、太平洋戦争中でさえ戦艦を12隻もつくっているのです。むしろ、日本のほうが新たな戦艦建造は大和と武蔵の2隻のみで、もう1隻、信濃は予定を変更されて空母になり、あと1隻は計画が中止されています。決して日本だけが大艦巨砲主義に陥っていたわけではないのです。

ただし、戦艦に振り分けられるリソースという点では、日米には国力に大きな差がありますから、一概に戦艦をつくった隻数だけで比較することはできません。では、大和をつくるにはどれだけの費用がかかり、それは当時の日本にとって、どのくらいの負担だったのでしょうか。

零戦が2000機つくれた建造費

大和の建造予算は、1億3780万円でした。当時の国家予算が約40億円でしたから、その約3%にもなります。2020年度の日本の一般会計予算が約102兆円ですから、現在の価格に換算すれば、なんと3兆円強にもなります。たとえば東京湾アクアラインの建設費が約1兆44

００億円でしたから、大和1隻で東京湾アクアラインが2本もつくれることになるわけです。

では、戦艦にとってかわるとみられていた航空機の費用はどうだったのでしょうか。日本の航空機といえば、主力となったのは零戦です。当時の零戦の製造費は、1機で約7万円でした。ということは、戦艦大和1隻で、零戦が約２０００機もつくれた計算です。日本の零戦の総生産数は約1万機でしたから、その20％相当の予算を戦艦大和が占めていたことになります。さらに武蔵と空母信濃も加えれば、３隻で零戦が６０００機も製造できたことになります。やはり、日本が大型戦艦や空母を建造することは、国家予算をきわめて圧迫する事業だったことはたしかです。

太平洋戦争の経緯を見れば、戦略的には大型戦艦を3隻つくるより、零戦を６０００機つくるほうが有利だったかもしれません。しかし、費用については、そう単純に計算することはできません。飛行機を飛ばすには飛行場が必要ですが、零戦の数をそれだけ増やすには、新たな飛行場の建設や多くの空母の建造が必要となります。また、搭乗員も大幅に増員しなくてはなりませんが、零戦の操縦に求められる高い技能を習得するには訓練が追いつかなかったと思われます。

結局、リソースがかぎられているなかで、絶対的な最適解は存在しないと考えるべきです。どのような戦略にも一長一短はあります。結果として当時の日本海軍は、これだけの国力を傾けてまで大和を建造するという選択をしたのです。

戦艦大和の大きさ

1937（昭和12）年8月21日、米内光政海軍大臣から第一号艦製造訓令「官房機密第3301号」が下り、建造が始められた大型戦艦は、前述のとおり1941（昭和16）年12月16日、ついに竣工し、戦艦大和として就役しました。予定よりも半年早い完成でした。

では、ここからは史上最大・最強の戦艦である大和とは、どのような船だったのかをみていきましょう。まずは、その大きさです。

表3－1は米、英の主力戦艦とさまざまな項目を比較したものですが、ここからも大和のスケールの大きさがわかります。

船の初期計画では、まず類似船がある場合はそのサイズ、搭載物、必要条件から、長さ、幅、深さ、喫水を大まかに決めます。そこから概算重量を算出し、搭載量、復原力、速力、主機馬力、推進軸数を決めます。そして概略図を描きながら、主要配置、機関配置、電装配置、舵、プロペラ、居住配置、防熱、配管、安全救命装置、通信装置などについて、トライアンドエラーを何度も繰り返しながらだんだん精度を上げていき、船型や要目を決めていきますので大変な作業となります。その結果、大和の排水量で軍令部が要求した30ノットの速度を出すには出力が28万馬力くらい必要となることがわかりましたが、日本のボイラーやタービンの最高馬力は空母「翔

比較項目	日本：大和	米国：ノース カロライナ	英国：キング ジョージ５世
完成年	1940年	1940年	1939年
満載重量	72,900t	46,670t	44,460t
長さ／水線長	263m/253m	221.1m/211m	227.1m/217m
幅／喫水幅	38.9m/36.9m	32.9m	31.4m
喫水	10.4m	10.7m	9.7m
出力	4軸150,000馬力	4軸121,000馬力	4軸110,000馬力
出力／満載重量 (大きいほど俊敏に動く)	2.06 (C)	2.59 (A)	2.47 (B)
速力	27ノット	28ノット	27.5ノット
乗員	2,500名	2,339名	1,623名
装甲厚さ(cm) 主砲／甲板／舷側	65/24/41 (A)	40.6/10.2/40.6 (B)	40.6/12.7/38.1 (C)
主砲 副砲 高角砲	主46cm9門 副15cm12門 高12.7cm12門	主 40.6cm9門 副 0門 高12.7cm20門	主36cm10門 副 0門 高13.3cm16門
P:主砲砲力比較 P＝(口径)^3×砲数 E:艦運動エネルギー E＝(Wt)×(kt)^2	0.88(A) 5,249(A)	0.60(B) 3,659(B)	0.47(C) 3,362(C)

表3-1　日、米、英の主力戦艦比較（A、B、Cは性能を評価したもの）

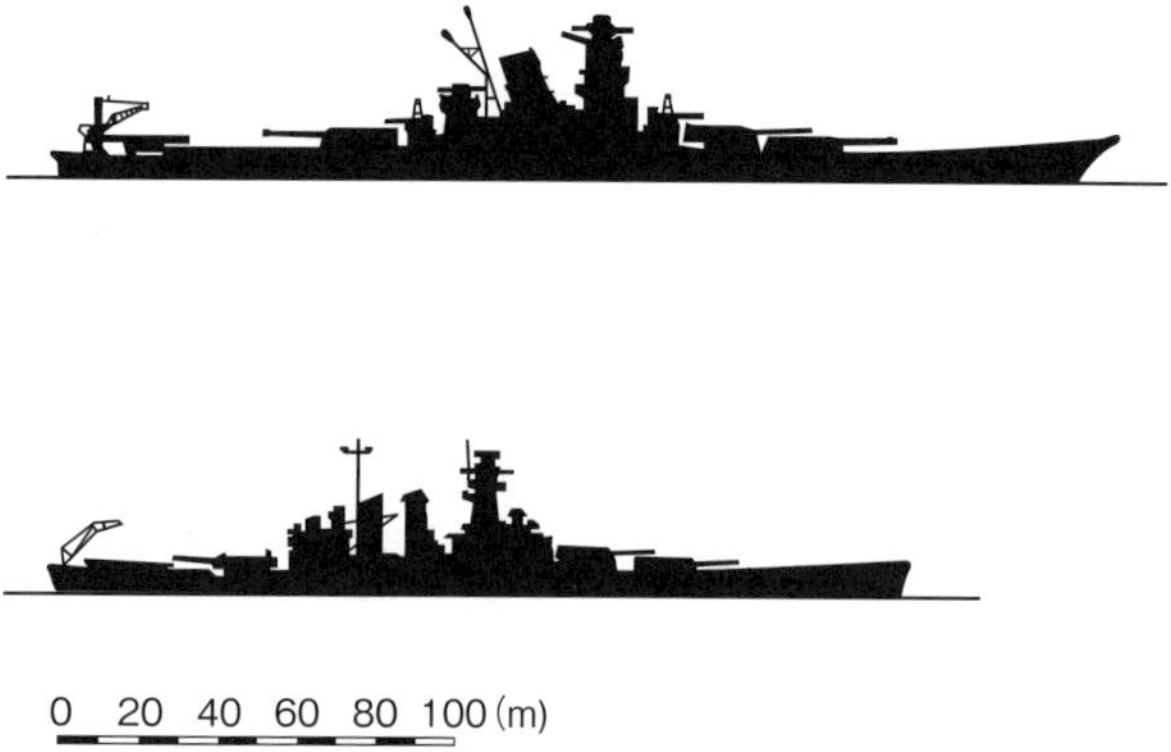

図3-5　戦艦大和と同時期に完成した米戦艦ノース・カロライナのシルエット比較（福井静夫『日本の軍艦』より）

鶴」の16万馬力だったので、結局、約15万馬力となり27ノットと、平凡な水準に落ち着きました。

現代の船の建造費は、大まかには、材料費（鋼材、機関、砲、電気機器の購入費など）が3分の1、人件費（溶接、配管、取り付けなどにかかる人件費）が3分の1、設計・工程管理・設備・管理費（設計費用や工場設備使用料、電力など）が3分の1です。しかし軍艦の場合はこのほかに兵器、レーダー、制御装置などに多額の費用がかかります。

大和は構造関係の鋼材重量が約5万2107tもあり、これは全体重量の71・57％にもなります。鋼板の接続は全溶接ではなく、鋲接があり、板厚も厚かったので、工程数は通常の船舶に比較してかなり多かったと考えられます。

図3－5は、戦艦大和と同時期に完成した米戦艦ノース・カロライナのシルエットを比較したもので

す。これを見ても、大和の巨大さは一目瞭然です。

戦艦大和の建造は、広島県呉市の呉海軍工廠で進められました。その建造方法は、鋼材量が大量のため、小さな部材を船台に運んで組み立てる従来の方法では間に合わないことから、別の組み立て場所で単部材～小部材～中部材まで組んでユニットとしてから船台上に運んで組み立てる、いわゆるブロック工法を採用しました。これによって工期が短縮できました。なお、戦艦大和のブロック工法は戦後の日本造船界にも引き継がれ、日本が造船王国として君臨する土台となった重要な技術でした。たとえば三井造船（当時：現三井E&S造船）の千葉工場では、20万tタンカーの船体を輪切りにした巨大ブロックを専用ドックで建造していました。

世界最大の46cm主砲

次に、戦艦大和の攻撃力をみていきます。なんといっても、大和の46cm砲は世界最大口径の主砲です。そして大和は、この46cm砲を3門まとめた（3連装）砲塔を、前甲板に2基、後甲板に1基、搭載していました（図3-6）。砲の数でいえば、3×2+3×1で計9門の46cm砲を載せていたわけです。砲塔の下には弾薬庫や給弾システムがあり、それらが分厚い装甲で覆われていたため、3連装砲塔の重量は1基あたり約2500tにもなりました。日本海軍の駆逐艦1隻の排水量がほぼ2000tですから、合計では駆逐艦を3隻載せているより重いという、とてつ

図3-6　艤装工事（装備の取りつけ）中の戦艦大和
巨大な46cm後部主砲が見える

もない重量です。

46cm主砲から仰角45度で発射された砲弾は、初速780m／秒（マッハ約2・3）で高度1万1900mまで上がり、90秒後に4万1000m先に着弾します。主砲は40秒ごとに1発、発射することができます。これが9門なので、3分間では合計で36発の46cm砲を発射できます。その破壊力のすさまじさを撃ち抜ける鋼鉄の板の厚さで表すと、射程距離3万mでは垂直鋼板を41・6cm、水平鋼板を23cm打ち抜き、射程距離2万mでは垂直鋼板を56・6cm、水平鋼板を26・8cm打ち抜くことができました。この主砲の攻撃に耐えられる装甲をもつ戦艦は、世界のどこにもありませんでした。

発射時の爆風はすさまじく、乗員が吹き飛ばされると死傷事故につながるため、発射のタイミングは確実に周知される必要がありました。

なお、日本海軍の主砲弾には、米英の砲弾と異なり、敵艦を破壊するための「徹甲弾」と、対航空機用の「三式弾」の２種類がありましたので、順にご紹介します（図３－７）。

◆徹甲弾

敵艦に命中させて、分厚い装甲を貫いて破壊するための砲弾が徹甲弾です。太平洋戦争で日本が使用したのは、徹甲弾に水中弾としての性能をもたせた九一式あるいは一式徹甲弾と呼ばれる

図3-7　大和の46cm主砲弾
九一式徹甲弾（左）と三式弾

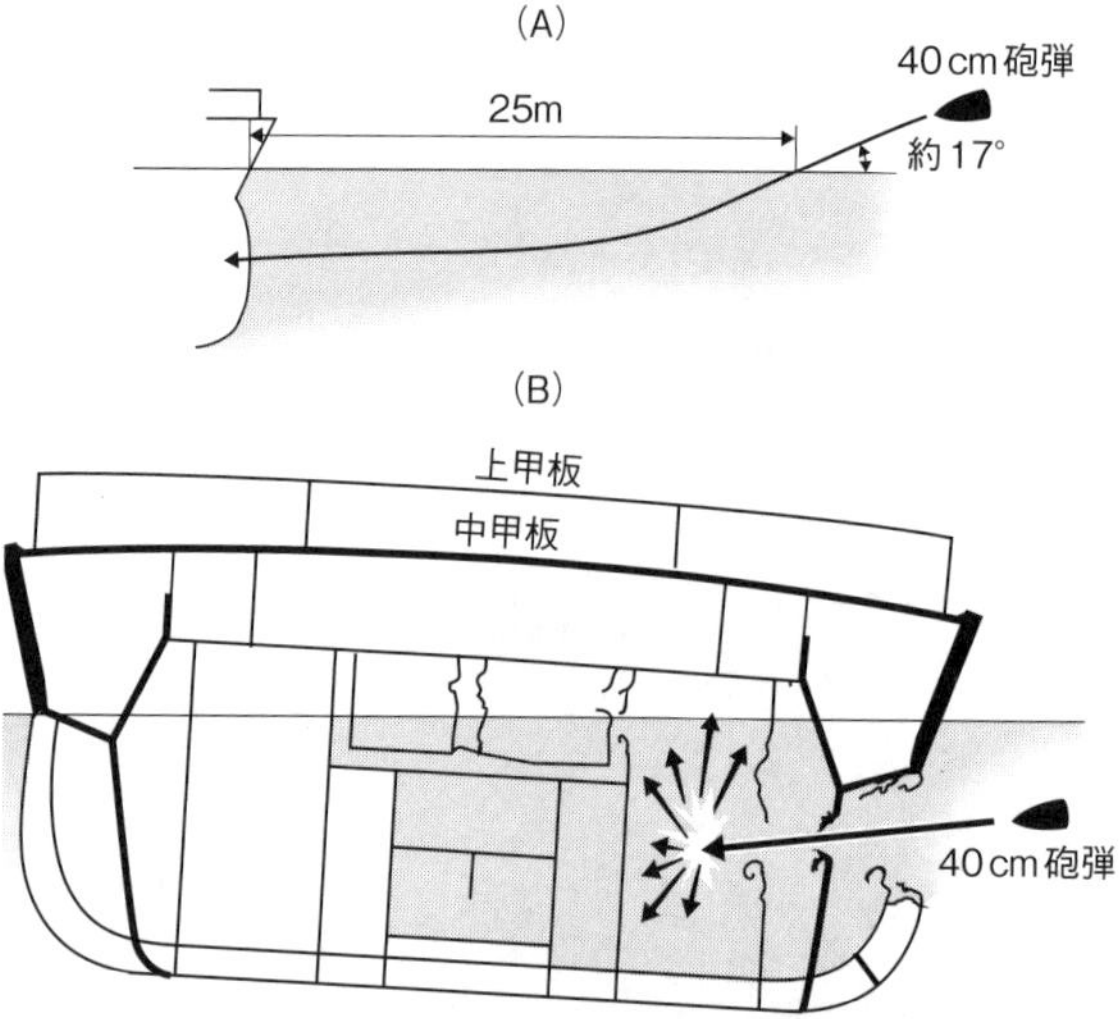

図3-8　水中弾の威力
廃艦「土佐」の舷側25m手前の海面に約17度の角度で突入した40cm砲弾は、水線下3.4mで命中し、浸水量3000t、横傾斜角が約5度増という予想以上の被害をもたらした（福井静夫『日本の軍艦』より）。この発見から弾頭の形状を工夫し、水中を直進する砲弾として開発された

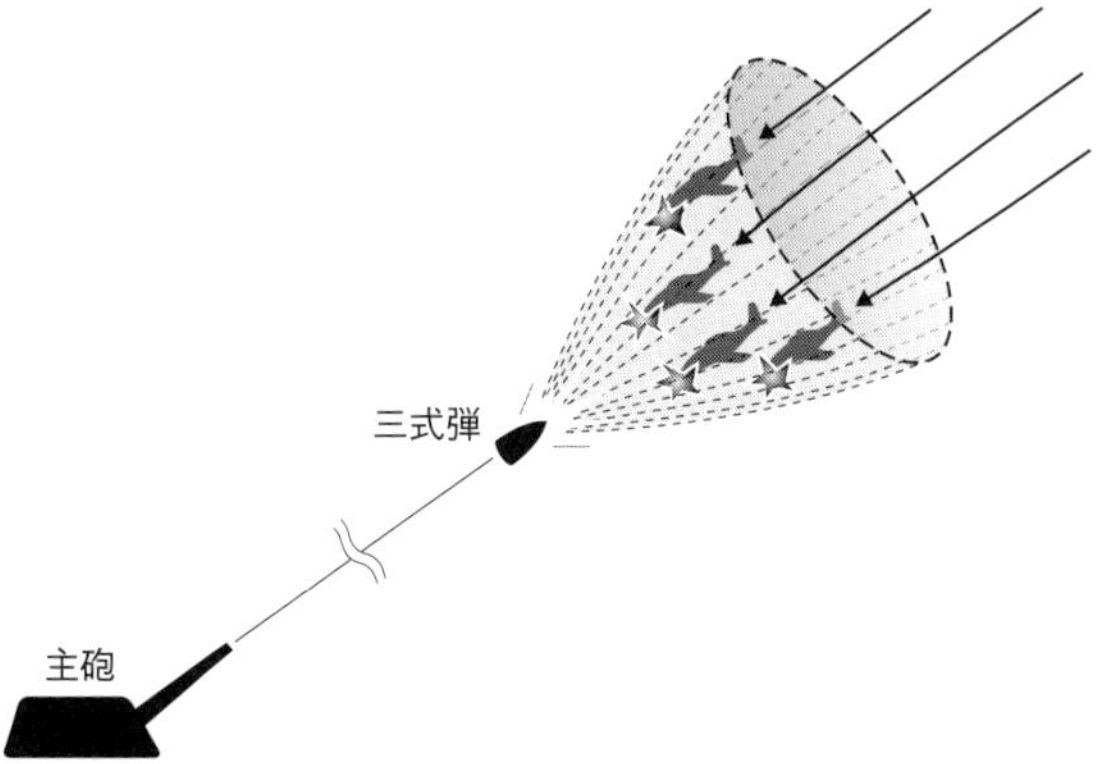

図3-9　三式弾のイメージ
敵航空機の編隊を散弾の幕の中に入れて一網打尽に撃墜

ものでした。水中弾は日本が独自に工夫した特殊砲弾で、敵艦に命中せず艦の手前に落下した砲弾が、そのまま水中を直進して魚雷となって艦に命中し、遅延信管によって艦内に達してから爆発するものでした。水中弾の発想は、ワシントン軍縮条約によって廃艦となった大型戦艦土佐を使っての実艦防御実験から得られました（図３－８）。その威力はすさまじく、水中弾は極秘扱いとされました。

では、水中弾の優秀性が実戦ではどう発揮されたかといえば、太平洋戦争では艦隊決戦はほんのわずかしか実現せず、ほとんどが対空戦であったため、残念ながら敵艦に発射する機会はほとんどありませんでした。

◆三式弾

三式弾は航空機に対して用いる砲弾です。高速で移動する航空機を１機だけ狙うのは至難の業なので、編隊を組んでいる敵機の進行方向の未来位置に砲弾を撃ち、内部に詰めた大量の散弾を時限信管でタイミングを合わせて爆発させて、編隊を一網打尽に撃墜するものです（図3－9）。

当初は大きな効果があり、ブルネイでは編隊で来襲した米軍機に各艦の主砲が三式弾を発射して編隊中で炸裂させ、かなりの数を撃墜したので米軍機はあわてふためいて遁走しました。米軍もこれには恐れをなして、その後は主砲の射程に入る前から編隊を解くようになりました。それでも日本軍は、航空機1機に対しても三式主砲弾を撃っていました。

46cm砲の命中精度

大砲はミサイルではないので、進む方向を誘導することはできません。そこで、敵艦に徹甲弾を発射する場合は命中率を上げるため、9門の主砲を同時に発射して散布界をつくり、敵艦がこの散布界の中に入るように誘導しながら撃っていきます。

海戦で敵艦を見つけるためには、地球は丸いので、艦長が指揮をとる艦橋や、距離を測定する測距儀の位置は高いほうが有利です。そのため、当時の世界の戦艦は、艦橋や測距儀の位置が非常に高くなっています。大和の艦橋の高さは水面から37mで、ビルでいえば10階くらいです。この高さなら水平線上の約23km先まで見ることができます。実際には敵艦の艦橋も高いので、約30km先の敵艦の艦橋が見えることになります。

敵艦が見えると、位置、速度、方向を測距儀で計測します。そのあと射撃指揮装置で敵艦の未来位置を計算し、風や潮流、地球の自転などを考慮し、一つの引き金を引いて9門同時に発射します。すると着弾時には9本の高い水柱が立つので、これを測距儀で確認し、着弾の散布界が敵艦を包むようにデータを修正して、また発射します。着弾観測は艦橋からのみでは難しいので、水上観測機を使って上空からも観測し、結果を大和に伝えていました。

対航空機用の三式弾は、散布界が大きい散弾だったので一定の命中精度はありました。しかし日本軍には当初、レーダーがなく、敵機の観測にはレンズ式の高射指揮装置を使用していたため、高速の航空機の未来位置を瞬時に算出し、時限信管をセットするのはかなりの困難がありました。実際には、ほとんど的が絞れていない状態で撃っていたと思われます。また、単純な未来位置は計算できても、急降下爆撃機や雷撃機は、急降下時に大きな旋回加速度を加えながら高空からダイブをかけて急降下し、魚雷発射や投弾をします。急降下時に加速度が加わると、未来位置の計算はかなり複雑になります。

このため、戦争中期以降の艦船には、大きな仰角でも撃てる12・7㎝（5インチ）高角砲が増設されました（図3-10）。さらに連装25㎜機銃をハリネズミの針のごとく増設しましたが、25㎜機銃は有効射程距離が約2000mと短いため、なかなか敵機を撃墜できませんでした。

これに対して米軍は、レーダーによって航空機を捕捉し、単純未来位置を計算し、さらに砲弾

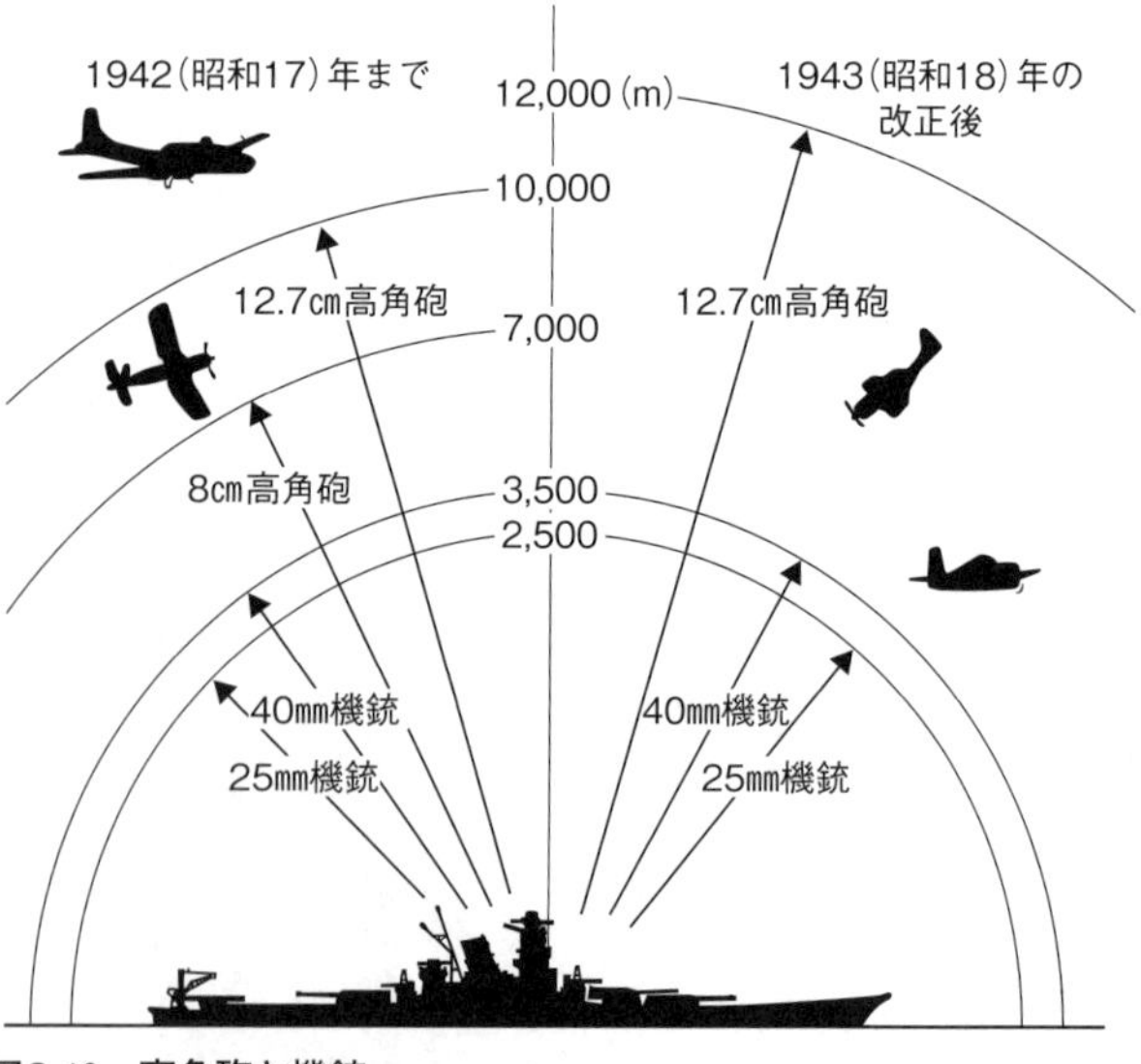

図3-10　高角砲と機銃

日本海軍の対空戦は12.7cm高角砲と25mm機銃が主体だった。高角砲で撃ち漏らすと25mm機銃の射程範囲までは距離が大きいため、米軍は40mm機銃を大量に設置したが、日本では艦艇用の40mm機銃はほとんどなかった(『軍艦雑記帳』を改変)

には時限信管ではなく、新しく開発した電子信管を取りつけました。これは砲弾から電波を出して目標からの反応をキャッチし、敵機が近くを通過するだけで命中しなくても爆発するというおそるべきシステムです。発射速度が速く威力も大きい12・７㎝高角砲弾に電子信管がつけられ、日本の航空部隊は多数が撃墜されました。

戦争後期になって、大和もようやくレーダーを装備しましたが、射撃指揮装置との連動はできていませんでした。日本の高角砲は、とくに10㎝長砲身高角砲は初速が速く、性能的には米国のものより優れていましたが、やはり射撃指揮装置とレーダーの連動はできていませんでした。

戦艦大和の防御力

では、戦艦大和の防御力はどうだったのでしょうか。

当時の軍艦の防御は、敵艦の砲撃や爆撃だけでなく、潜水艦や航空魚雷による水面下の攻撃にも対応することが必要となりつつありました。大型艦では魚雷が１発当たると約２０００ｔも浸水するといわれ、これは駆逐艦１隻分にも相当する浸水量です。そのため、予備浮力（喫水上の船体の舷側までの容積）をとることが非常に重要となっていました。

そこで、多くの戦艦では舷側にバルジと呼ばれる大きなふくらみを設けて浮力を大きくするとともに、対魚雷防水区画としていました。そして、前後方向の主要部分をバイタルパート（重要

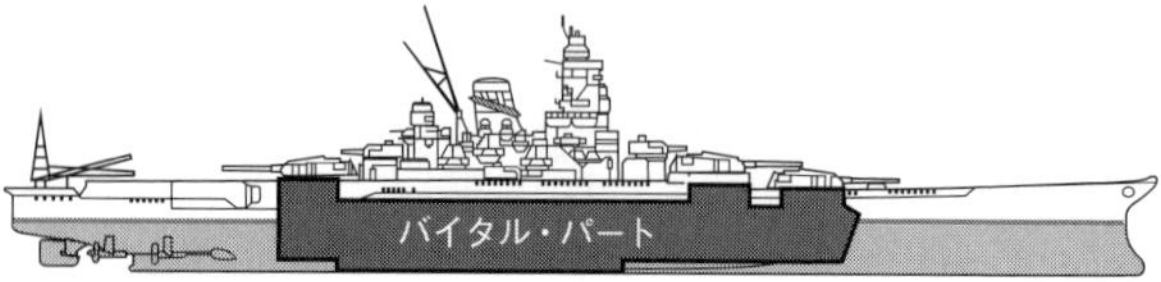

図3-11　戦艦大和のバイタルパート
46cm主砲の下部を覆うように防御されている
(『武器・兵器でわかる太平洋戦争』より)

防御区画）として、重点的に防御を厚くしていました（図3－11）。

大和では、たとえば片舷に魚雷を受け、2000tの浸水量が生じた場合でも、横傾斜角度は0・5度程度と、小さい傾斜ですむようにバイタルパートが設けられていました。これは魚雷が1発命中してもほとんど影響なく、そのまま航海できる傾斜です。

しかし、さらに攻撃を受けて傾斜が大きくなると砲が発射できなくなるので、反対舷のタンクに注水して傾斜を戻すようにし、浸水部には高圧空気をブローして排水するなどの応急注排水システムを設備していました。その作動する区画はバルジ内タンク、釣り合いタンク、舷側や二重底内の水防区画で、5分以内に注水し、30分で排水するよう計画されていました。

次に、艦体全体を守る装甲について見ると、大和の装甲に用いられた鋼材は、場所に応じて使い分けられていました。装甲のしかたは、おもに表面硬化装甲と、均質装甲に分けられます。

表面硬化装甲とは、表面を硬化させた装甲板による装甲です。じつは装甲は硬ければよいというわけではありません。硬いだけでは反面、脆さも生じ、壊れやすくなるのです。そこで衝撃を受ける表面のみを硬くし、裏面は衝撃を受けとめる柔軟さをもたせた装甲が表面硬化装甲です。表面だけを硬化させるには、表面に炭素を吸収させて焼き入れをする浸炭処理という方法がよく用いられ、こうしてつくられた装甲を浸炭装甲といいます。

表面硬化装甲は、砲弾が深い角度（垂直に近い）で命中する部分に適していることから、戦艦では主砲の砲塔などに用いられました。

一方で、砲弾が比較的、浅い角度（水平に近い）で命中する部分は、硬い表面の脆さのほうが効いてきて、割れてしまう可能性が高まります。そこで、そうした部分には焼き入れをせずに、全体に柔軟さと強靱さをあわせもつ均質装甲が用いられました。

大和の装甲は、上甲板側部は厚さ２３０㎜のＭＮＣ鋼を使った均質装甲、艦側上部から喫水以下は４１０㎜のＶＨ鋼を使った表面硬化装甲、喫水下部には２００㎜のＭＮＣ鋼を使った均質装甲でした。大和の主砲の砲塔は、前面は６５０㎜、上部は２７０㎜のＶＨ鋼による表面硬化装甲が施されました。これは戦艦の砲塔としては史上最も厚い装甲でした。

ＭＮＣ鋼はニッケル（Ni）とクロム（Cr）からなる鋼にモリブデン（Mo）を加えて粘り気を増

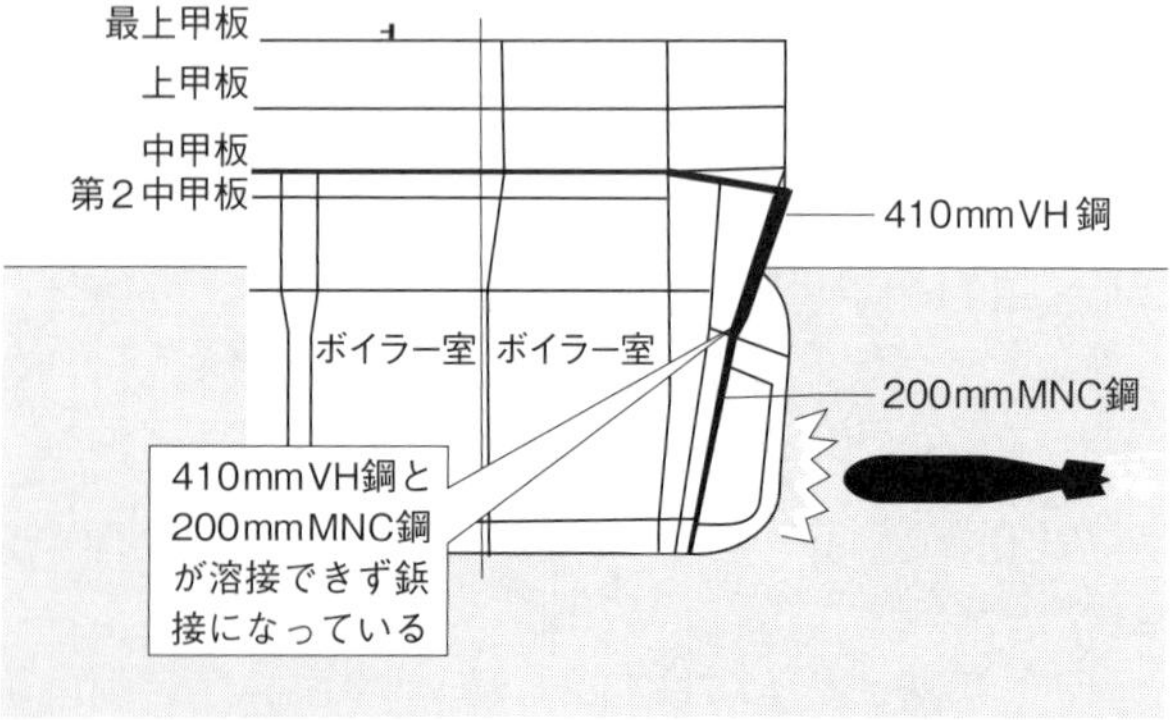

図3-12　大和の構造上の問題
410㎜ VH鋼とその下の200㎜ MNC鋼板とは鋲接合。魚雷をバルジに受けると、衝撃で鋲が吹っ飛び200㎜鋼板が内側に変形し、ここから浸水した

した均質装甲です。ＶＨ鋼は浸炭処理をせずに硬化処理して強度を増した新型の表面硬化装甲で、大和で初めて採用されました。これにより大和の主砲は、上面を爆弾が直撃しても、びくともしなかったようです。

しかし、大和には構造上、大きな問題もありました。艦側上部の４１０㎜ＶＨ鋼と、下部の２００㎜ＭＮＣ鋼とは溶接ができなかったため、継手が鋲で留める鋲接になっていたのです。そのため側面に魚雷を受けると、衝撃で鋲が外れ、２００㎜ＭＮＣ鋼板が内側に変形し、ここから浸水してしまうおそれがありました（図３－12）。

また、大和では主砲のほかに副砲を搭載していましたが、これは古い考え方と思われ、米国では副砲の代わりに高角砲を増設していまし

図3-13　大和の副砲

た。しかも、この15・５㎝副砲は重巡洋艦の最上の主砲を流用したものでした（図３-13）。そのため天蓋の耐爆弾性がほかに比べて低く、また、副砲のターレット（回転する基部）の下部は火薬庫だったので、副砲の上部が被弾すると、火薬庫にまで影響がおよびます。

この2点は戦艦大和のアキレス腱ともいえるもので、事実、大和の最期はこれらが命取りになったともいわれています。

世界を目覚めさせた日本の大勝利

こうして戦艦大和の能力をみていくと、いくつか問題点はあるにせよ、よくぞこのようなものをつくれたものと、素直に感動をおぼえます。１８５３（嘉永６）年、米国のペリーが来航したときにはまだちょんまげを結っていて、

図3-14　真珠湾を攻撃した日本の九七式艦上攻撃機

黒船を見て肝をつぶした日本人が、それから80年ほどで世界最大の戦艦を建造したことは、やはり驚くべきことでしょう。

しかし、日本人の高い技術力のシンボルとなるはずだった戦艦大和は、誕生直後から、手放しでは歓迎されない状況に立たされていました。

１９４１（昭和16）年12月8日、つまり大和が完成する8日前、連合艦隊司令長官の山本五十六は、当時考えられなかった斬新な航空機動作戦で米国ハワイ州オアフ島の真珠湾を奇襲し、米国太平洋艦隊の戦艦8隻を沈没させるなどして壊滅状態に陥れました（図３－14）。

さらに12月10日、日本軍は英国領マレー半島への上陸作戦を展開し、東方沖で英国の東洋艦隊と対決しました。このとき日本軍は航空機による爆撃によって〝不沈艦〟と呼ばれた英国の最新鋭大

図3-15　マレー沖で沈んだプリンス・オブ・ウェールズ

型戦艦プリンス・オブ・ウェールズ（図３－15）を撃沈し、さらに巡洋艦１隻を沈めました。真珠湾では停泊中の戦艦が相手でしたが、このマレー沖海戦は世界で初めて、航行中の戦艦を航空機だけで撃沈した例となり、世界に強烈な衝撃を与えました。それまでは、ペラペラのアルミ製の小さく貧弱な飛行機が、重武装の巨大戦艦を沈められるはずがないと考えられていたのです。英国のチャーチル首相はのちに、第二次世界大戦における最大の衝撃は、この戦いで戦艦を失ったことだったと著書で述べています。

真珠湾とマレー沖海戦における日本の鮮やかな勝利は、海戦の戦略を大きく変えるきっかけとなりました。世界の国々は、戦艦は航空機に勝てないことを思い知らされ、戦艦主体の戦略から、航空機と空母を主体とする戦略へと切り替えていくことになったのです。

大和にとっては、皮肉としか言いようがないなりゆきでした。計画されてから7年余をかけてようやく完成して、さあこれからというとき、ほかでもない日本人によって世界が新戦略に目覚めたために、時代遅れという烙印を押されてしまったのですから。

しかし、それは言い換えれば、山本五十六のような卓越した戦略思想の持ち主がいなければ、世界は大艦巨砲主義から抜け出せていなかったということです。英国も大和とほぼ同時期にプリンス・オブ・ウェールズを建造していました。決して大和だけが時代錯誤だったというわけではないのです。

戦艦大和が「無用の長物」ともいわれるのは、やはり実際の海戦での活躍がほとんどなかったからです。では、大和が自慢の46cm砲を発射した場面はどのくらいあったのでしょうか。順を追ってみていきましょう。

初めての咆哮――マリアナ沖海戦

戦艦大和の主砲が初めて火を噴いたのは、1944年6月19〜20日のマリアナ沖海戦でした。この海戦は、真珠湾奇襲以後の半年こそ快進撃を続け、東南アジアに占領区域を広げていた日本軍が、1942（昭和17）年にミッドウェー海戦で空母4隻を失う大敗を喫して坂道を転げ落ち、1943年、飛行場を建設していたソロモン諸島ガダルカナル島を撤退、1944年に連合艦隊の拠点トラック島が壊滅と、戦況が悪化の一途をたどるなかで戦われました。

日本軍はマリアナ諸島を絶対に死守すべき防衛ラインと考えていました。ここを米軍に奪われると、日本の本土が米軍機の行動圏内に入り、爆撃されてしまうからです。しかし結果は、わずか2日間の戦闘で３０００名以上もの戦死者を出すという記録的な大惨敗に終わりました。

この戦いで大和は主戦場から離れたところにいましたが、日本軍をさんざんに打ち破った米軍機からの攻撃を受け、実戦で初めて46㎝主砲９門から3回の一斉射撃を行い、計27発の三式弾を発射しました。撃ち落とされた米機は、米軍の記録では20機とされていますが、すべて大和が撃墜したものかどうかは判然としていません。いずれにしても、大和の最初の咆哮は、すでに戦いの大勢が決してからのものでした。

それにしても、１９４１年の開戦とほぼ同時に就役したにもかかわらず、戦局が苦境に陥るまで一度も主砲を発射していないことは、不可解に思われるでしょう。じつはここまで大和は、呉やトラック島などの停泊地で待機していることがほとんどで、事実上、一度も戦闘に参加していなかったのです。巨大な大和は波による横揺れに強いなど居住性が高く、食事はフルコースでアイスクリームやラムネもつき、歯医者や理髪店もあったことから、出撃もせずに優雅に日を過ごす「大和ホテル」と陰口を叩かれてもいました。

しかし、大和が待機を続けているのは、じつは日本軍の基本戦略に沿った行動でした。それは

図3-16　マリアナ沖海戦
米軍機に攻撃される日本の空母（瑞鶴）と２隻の駆逐艦

「アウトレンジ戦法」という戦い方です。国力で劣る日本が、まともに組みあっては米国に勝てるはずがない。そこで、射程距離の長い大和を主力とする艦隊は敵の弾が届かない後方におき、まず航空機による攻撃を繰り返して敵の戦力を少しずつ削り、ここぞというときに後方に控えていた主力が艦隊決戦を挑み、一気に勝利を得るという狙いの戦法です。そのために敵機よりも航続距離が長くなるように工夫されたのが零戦でした。

大和の能力を最大限に生かすという意味では、たしかに合理的な作戦のように思われます。そしてマリアナ沖海戦では、日本軍が先に米軍の姿を発見し、理想的なかたちでアウトレンジ戦法が実現するかに思われました。しかし、現実には成功しませんでした。

その理由はいくつかあります。まず、長い航続距離を飛んで攻撃するアウトレンジ戦法は航空部隊の負担が大きく、搭乗員に相応の技量が求められます。しかしミッドウェーの大敗以降、日本は熟練搭乗員の大半を失い著しく技量が落ちていたため、作戦遂行が難しくなっていました。

そして、ようやく敵艦にたどりついた爆撃機などはほとんどが、米軍のレーダーに捕捉されて護衛戦闘機に撃墜され、残りは対空砲の電子信管に墜とされました。前述した、航空機が接近すると砲弾にとりつけた信管が電波をキャッチして爆発するきわめて厄介な装置です。なお、日本軍でもレーダーや電子信管を研究してほしいとの要望が軍上層部に上げられましたが、電子兵器など頼まず正々堂々と戦うべきという考えから開発は遅れたと思われ、戦争中期を過ぎてようやく各艦にレーダーが設置されたものの、機能も中途半端でした。無線機も不調なことが多く、連携をとれないことがしばしばでした。

結局、アウトレンジ戦法は最初の攻撃の段階で挫折してしまっていました。制空権を握った米軍機は、日本の空母や戦艦に雨あられのような爆撃を浴びせました（図３-16）。そして大和は艦隊決戦を挑む機会をつかめないまま、無為に時を過ごすのです。

失われたチャンス――レイテ沖海戦

大和の２度目の主砲発射は、１９４４年10月20～25日のレイテ沖海戦でのことでした。この海戦では、大和に待ちに待った活躍の場が与えられました。

戦いは、日本軍が支配していたフィリピンに、米・オーストラリア連合軍が上陸するのを阻止する目的で計画されました。フィリピンを奪われると、南方戦線は本土からの補給路を断たれ、戦争の継続は不可能になります。日本の作戦は、レイテ島に上陸を開始した連合軍に、レイテ湾から艦隊を突入させて砲撃し、殲滅するというものでした。

連合軍は、航空母艦17隻、護衛空母18隻、戦艦12隻、重巡洋艦11隻、軽巡洋艦15隻、駆逐艦141隻、航空機約1000機、補助艦艇約1500隻という圧倒的な陣容で、10月20日、レイテ島上陸を開始しました。これに対して日本軍は、なけなしの戦力をほとんどすべて投入し、航空母艦4隻、戦艦9隻、重巡洋艦13隻、軽巡洋艦6隻、駆逐艦34隻、航空機約600機で、上陸阻止へ向かいました。これだけの規模で艦隊が激突した例はかつてなく、「史上最大の海戦」とも呼ばれています。大和も栗田健男中将が率いる艦隊に配属されて出撃しました（図3-17）。レイテ湾突入は栗田艦隊の任務とされていました。いよいよ大和に前線で艦隊決戦に臨むかもしれない機会がめぐってきたわけです。

しかし戦いは、航空機を喪失した日本の上空が丸裸で、米機の空襲によって日本の戦艦や空母は次々と壊滅的打撃を与えられ、長らく日本海軍が想定していたアウトレンジ戦法の最終段階としての艦隊決戦とはほど遠い展開となりました。大和の弟分ともいえる同型戦艦の武蔵は、10月

図3-17　出撃する栗田艦隊
右から戦艦の長門、武蔵、大和、重巡洋艦の摩耶、鳥海、高雄、愛宕、羽黒、妙高といわれる

24日、航空機の猛爆撃を受けて沈没しました。

ところが、もはやこれまでかと思われた25日、小沢治三郎中将が率いる機動部隊が囮になって連合軍を引きつけ、小沢隊は破られましたが、その間にレイテ湾が無防備になりました。その隙をついて、大和を主力とする栗田艦隊は、レイテ湾をめざしました。湾から島に向けて大和の主砲が火を噴けば、連合軍の上陸部隊はひとたまりもなく吹き飛びます。大和がついに存在意義を示す千載一遇の好機到来でした。

しかし、栗田中将はなぜか突然、湾への突入を中止し、大和以下の艦隊を反転させてしまったのです。これが「栗田ターン」と呼ばれる、いまだに残る太平洋戦争の謎です。反転の理由は、米軍機動部隊を北方に発見したとの電文が入り、その撃破を優先したから、ともいわれていますが、なぜ作戦の主眼であるレイテ湾突入を放棄する選択をしたのかの説明にはなりません。

結局、レイテ島上陸阻止は失敗に終わり、日本はフィリピンを失いました。しかも4隻の空母が全滅、武蔵ほか戦艦3隻、重巡洋艦6隻、軽巡洋艦4隻、駆逐艦9隻が沈没して、約7500人の戦死者を出し、一国の海軍としては事実上、これで壊滅しました。なお、このレイテ沖海戦で日本軍は「神風特攻隊」を編成し、米艦への体当たり攻撃を初めて敢行しています。

大和は記録によれば、24日に三式弾を31発、25日に三式弾を24発撃ち、さらに初めて対艦用の一式徹甲弾を100発撃って駆逐艦を撃沈、翌26日にも三式弾14発と、徹甲弾4発を発射して、航空母艦1隻、護衛空母2隻、駆逐艦2隻、護衛駆逐艦1隻を撃沈するなど奮戦しました。しかし、戦局を変える働きはできず、「無用の長物」との汚名をすすぐ機会はこのあと二度とめぐってきませんでした。

大和の最期──沖縄特攻作戦

3度目の主砲発射は、1944年11月16日でした。大和が泊地であるボルネオ島北部のブルネイに戻っていたところ、B24爆撃機40機と護衛戦闘機P38が来襲、大和はレーダーで米機を感知し、敵機の接近を待って距離2万3000mで三式弾を9門全門から発射しました。弾は編隊の前で炸裂し、先頭のB24が2機墜落、追いかけるようにもう1回全門発射し、合計30発を撃ったところ、敵機は引き返していきました。B24は水平爆撃機であり、同じ針路で同じ高度を維持しながら艦隊上空で爆弾を投下するため、未来位置が比較的予測しやすかったので、うまく散弾が命中したものと思われます。上空から加速度をかけてくる艦上爆撃機や魚雷攻撃は未来位置の特定が困難で、ほぼ闇雲に撃っていたことは前述のとおりです。

そして、大和に4度目の、すなわち最後となる主砲発射のときが訪れます。

1945年4月6日、戦艦大和を中心とし、軽巡洋艦矢矧、防空駆逐艦涼月および冬月、駆逐艦雪風、磯風、浜風、朝霜、霞、初霜の10隻からなる艦隊が、徳山港（山口県）を出ました。すでに呉は米機に攻撃される危険があったため、泊地は徳山に移されていました。

艦隊がめざしたのは、ついに米軍による上陸戦が始まった沖縄でした。あえて大和などを座礁させて、陸の砲台として撃ちまくるという作戦を決行するためでした。

しかし、大和の主砲は横傾斜が大きくなると発射できないので、座礁して傾斜すれば目的を果たせません。いま考えればとんでもなく非常識な作戦であり、成功する可能性などほとんどありませんでした。発想された根本には、もはや敗色濃厚の戦局で戦艦大和だけをいつまでもお宝のように温存しておくわけにはいかないという空気のようなものがあったと思われます。いわば、最後は華々しく散ってもらいたいという〝美学〟のもとに決行された特攻作戦でした。

この作戦の無謀さを知り反対意見を述べつづけながら、最後は司令長官となった伊藤整一中将は出港にあたり、士官候補生49名にこれは特攻作戦であることを明言して、退艦命令を出しました。士官候補生は全員が命令を拒否しましたが、伊藤長官は、この国の未来には君たちのような若者の力がぜひとも必要である、生き残って日本のために尽力してくれと説得し、49名は泣きながら大和を降りました。

突入作戦を成功させるため、九州に展開していた海軍第一基地航空隊と陸軍第六航空軍が、大規模な護衛作戦を実施して米軍空母や兵員輸送船に損傷を与え、駆逐艦3隻と上陸用舟艇1隻を撃沈させて米軍の注意を逸らせたので、大和艦隊の西進は察知されませんでした。カモフラージュのため艦隊が沖縄とは別方向の佐世保（長崎県）に航路をとったことも奏功しました。

米軍の探索機が鹿児島県沖を航行する大和艦隊を発見したのは、出撃から丸1日が過ぎた4月7日午前8時過ぎでした。もともと米軍は大和に対しては、真珠湾で壊滅した戦艦群を修理し、新規戦艦を加えて艦隊決戦をする構想で待ち構えていましたが、大和艦隊の目的地が針路どおりの佐世保なら戦艦部隊は追いつけないとみて艦隊決戦をあきらめ、航空機で攻撃することを決定しました。編成された第1次攻撃隊は、戦闘機180機、爆撃機75機、雷撃機131機と、なんと合計386機の大編隊でした。

図3-18　左舷に集中攻撃を浴びて白煙を上げる大和

雲が低く垂れこめて視界が悪く、大和が坊ノ岬沖で米偵察機を発見したのは午前10時14分のことでした。大和は主砲と副砲の三式弾を発射し、米偵察機は遁走しました。しかし、このとき米攻撃隊はすぐそこまで迫っていました。11時15分、上空に爆撃機が現れると、12時には大和に接近してきました。大和の主砲、副砲は一斉に三式弾を発射し、その後も高角砲と機銃で応戦しました。やがて米機は、高度３００ｍから５００キロ爆弾を８発投下しました。そのうちの１発が、艦後部の電探付近に命中しました。さらにもう1発が、後部副砲に命中しました。砲弾は下部の火薬庫に侵入して爆発し、電気系統がショートして、激しい火災が発生しました。副砲には重巡洋艦最上の副砲が流用されていたため防御が薄く、ここに爆弾が命中した場合、下部にある火薬庫の火災が懸念されていたことは前述したとおりです。

13時37分、米軍の第2次攻撃隊が押し寄せてきました。雷撃機は大和の左舷ばかりを狙って集中攻撃を浴びせました。これはレイテ沖海戦で武蔵が両舷に魚雷を受けたものの、艦の横傾斜が少なくなかなか沈没しなかったことを教訓にしたものともいわれています（図3－18）。

やがて、3本の魚雷が左舷に命中しました。魚雷の爆発によって、大和の上部装甲と下部装甲の継ぎ手が衝撃で吹っ飛び、亀裂が入り、浸水が始まりました。これも前述のとおり、溶接ではなく鋲接だったために強度が下がっていた箇所でした。大和は右舷のタンクに注水を繰り返してバランスをとりながら戦闘航行を続けました。

しかし、続く米軍の第3次攻撃で、被害がさらに拡大します。魚雷2本が左舷に命中し、艦の傾斜は6度にまで拡がりました。副砲下部の火薬庫での火災も激しさを増し、ついに左舷が海面に沈みました。艦の傾斜角度は20度に達しました。

午後2時23分、有賀幸作艦長は総員退去命令を下しました。やがて、大和は左舷から転覆しました。火薬庫では大爆発が起こり、艦体は後部副砲塔のあたりで3つに折れ、巨大な火柱と黒煙を噴き上げながら沈没しました。乗員3332名のうち生き残った者はわずか276名で、伊藤長官、有賀艦長以下の3056名が、大和と運命をともにしました。

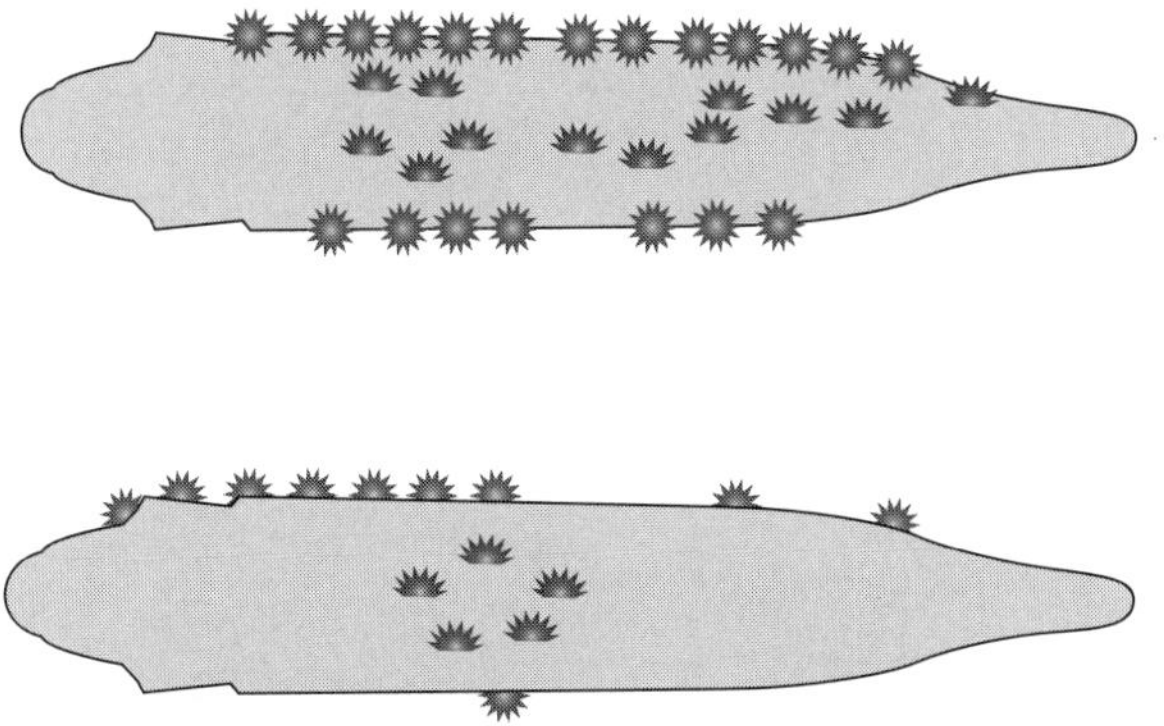

図3-19　大和と武蔵の沈没時の被害比較（上から見たもの）
武蔵（上）：爆弾12発、魚雷20本（左舷13本、右舷７本）
大和（下）：爆弾５発、魚雷10本（左舷９本、右舷１本）
（『武器・兵器でわかる太平洋戦争』より）

図３－19に、大和と武蔵の沈没時の、空爆による被害状況を示します。武蔵は沈没するまで爆弾12発、魚雷を右舷に7本、左舷に13本も受けて浸水しましたが、大きな横傾斜がなく、なかなか沈没しなかったため、米軍はなんと巨大な不沈艦であるかと驚いたようです。

そのため大和はほぼ左舷に攻撃を集中されたといわれ、魚雷を左舷に9本、右舷に1本受けて沈没しています。魚雷は武蔵の半数でしたが、左舷に集中した攻撃が当を得ていたことになります。

結局、大和艦隊の攻撃にあたった米機３８６機のうち、撃墜されたのはたった10機、そのうち大和は3機撃墜したとされ、艦隊は大和、矢矧と駆逐艦4隻が撃沈され、帰還したのは駆逐艦4隻のみでした。いかに制空権のない海域の艦隊は脆弱であり、この作戦が無謀であったかがわかります。この作戦による艦隊全体での戦死者は3721名でした。

大和は無用の長物だったのか

以上が、世界最大の46cm主砲が火を噴いた、たった4度のケースです。あれだけの国力を傾けた史上最強戦艦の活躍史としては、あまりにも寂しい3年4ヵ月でした。ここであらためて問い直してみたいと思います。はたして戦艦大和は、無用の長物だったのでしょうか。

語義だけでいえば、「無用の長物」とは、「あってもなんの役にも立たず、むしろ邪魔になるもの」といった意味です。では、太平洋戦争において大和は、図体ばかり大きくて役に立たず、むしろ邪魔だからという理由で、つねに戦場から遠ざけられていたのでしょうか。ここまでみてきて、そうではないことは明らかです。海軍が対米戦略の大前提としていたアウトレンジ戦法を成功させるための最終兵器として、後方に温存されつづけてきたのです。

初陣となった1942（昭和17）年6月5～7日のミッドウェー海戦においても、大和は主戦場から遠く500km も後方で待機するのみでした。この戦いでは、真珠湾奇襲が奏功して米軍の戦力が著しく低下していたため、戦力は質量ともに日本が圧倒的に優勢でした。空母5隻、戦艦7隻を含む計70隻の大艦隊を編成した日本軍に対し、米軍は空母3隻、戦艦はゼロの合計31隻しかありませんでした。ところが、日本軍は索敵（敵を探しだすこと）の不備、作戦目的の不徹底、連絡の軽視、そして緊急時における緩慢な対応など、連戦連勝による慢心としか思えない失態が相次ぎ、大敗を喫してしまいました。ジャイアント・キリングが起こったのです。

この敗戦で日本軍は空母４隻を失ったことが大きな痛手となり、太平洋戦争の形勢が逆転する分水嶺になったといわれています。それほど重大な戦闘にも、大和は参加していなかったのです。

防衛大学校の教授をつとめた平間洋一氏は、ミッドウェー海戦において大和を機動部隊とともに行動させていれば、戦局は大きく変わっていたと、以下のように指摘しています（『歴史街道』２０１３年10月号）。

まず、最大の敗因である「索敵の不備」を防ぐことができた。大和は通信設備もきわめて充実していて、事実、ミッドウェーでは軍令部特信班から発信された「多数の敵航空機が行動中」との情報を後方にいながら受信していた。ところが肝心の機動部隊が受信できず、大和も無線封止中だったため敵空母部隊の発見が遅れ、結果的に空母４隻を失うことになった。大和と一緒ならこれを防げた。

もうひとつ、敵攻撃隊に機動部隊が襲われた際には、大和が「盾」となることができた。たとえば低空からの魚雷攻撃に対しては、大和が空母の手前で弾幕を張れば防御できる。すると零戦隊は急降下爆撃隊の迎撃に専念できるので、敵攻撃隊への対処はきわめて効率的になる。よしんば互角の戦いとなり日米の空母が相撃ちになっても、損傷した米空母に大和が追撃してとどめを刺し、残敵掃討することも可能だった。当時の日本海軍の練度は米軍をしのいでいたことからも、大和が機動部隊とともにあれば、まず負けることはなかった、というのです。

索敵や防御に使うというのは、大和の運用のしかたとして非常に面白い発想だと思います。もっとも、そもそも海軍が大和を建造したのはアウトレンジ戦法を実行するためでしたから、まだ序盤戦のミッドウェーで大和が温存されたことは、やむをえないかもしれません。

しかし、そのあとはどうでしょうか。ミッドウェーの勝利で米軍は息を吹き返し、早くも日本軍は正念場に立たされました。同年8月、両軍はガダルカナル島で激突します。南方戦線の制空権を握るうえでこの島を確保することは絶対条件でした。山本五十六長官は、米軍が占領していたヘンダーソン飛行場に海から戦艦で艦砲射撃を浴びせる作戦を敢行し、大打撃を与えました。長官は2000㎞ほど離れたトラック島に停泊中の大和も艦砲射撃に加えることを求めましたが、それは受け入れられませんでした。ところが、じつはこのとき、飛行場は完全には破壊されていませんでした。そのため米軍に猛反撃を許し、日本兵は飢えと熱病にも見舞われ多大な犠牲を出し、島からの撤退を余儀なくされたのです。

一連の戦いで、日本軍は2076機の航空機と、世界に誇れる多くの熟練パイロットを失いました。それは4隻の空母を失ったミッドウェー以上に、航空兵力にとって大きな損失でした。も

図3-20　米軍機の猛爆撃を受ける武蔵

しも大和が飛行場の艦砲射撃に加わっていれば、46cm主砲によって完膚なきまでに破壊していた可能性は大きいと思われます。そうすれば南方の制空権を握ることができ、その後の戦局は一変していたかもしれません。航空機時代の無用の長物どころか、大和が航空兵力を助けていたかもしれないのです。

前述したように、1944（昭和19）年6月のマリアナ沖海戦のときはすでに、日本の航空部隊は搭乗員の練度不足と、米軍が開発したレーダー、そして電子信管によって、長い航続距離を飛んで攻撃することは不可能になっていました。つまりアウトレンジ戦法の緒戦で必要な、敵の戦力を少しずつ削る「漸減」はもはやできなくなっていました。にもかかわらず日本軍はアウトレンジを金科玉条のごとく墨守し、なおも大和を温存しつづけたのです。

ようやく大和が前線に出撃したのが、１９４４年10月のレイテ沖海戦でした。しかし、時すでに遅すぎました。その上空には、制空権を握った米軍機が飛び交っていました。

そもそも大和のような大型戦艦は、味方の制空権が確保されていて、つねに護衛空母と航空機に守られた状態で、敵戦艦と決戦するためにつくられたものです。ところが、当時の大和はもう、空からの攻撃に対しても自力で身を守らなければならなくなっていました。

それがいかに難しいかは、弟分である武蔵がこの海戦で沈没したことでもわかります（図３-20）。この写真だけを見れば、時代遅れの巨大戦艦が航空機にいいようにやられているように思えます。しかし、だからといって大艦巨砲主義の愚かさにばかり言及するのは、『蒙古襲来絵詞』に描かれた竹崎季長の一騎討ちの愚がことさらに強調されたのにも似て、この戦争の本当の問題点を覆い隠してしまうように思われるのです。

世界を驚かせた「造船の神様」

歴史の専門家でもない人間が戦略や戦術について少し語りすぎたかもしれません。しかし、船のエンジニアとしては、この戦争でもう一つ、指摘しておきたいことがあります。

明治維新以降の日本海軍は、多くの主力艦を英国に発注してまかなってきました。日本海海戦でバルチック艦隊を打ち破った主力艦隊の多くは、英国のアームストロング社で建造された艦でした。しかし一方では、技術者を英国に派遣して建艦技術も学んできました。そして１９０５(明治38)年、ついに自力で本格的な大型艦を設計し、巡洋艦「筑波」「生駒」と、戦艦「安芸」「薩摩」の建造に着手します。戦艦建造は、最先端の製鉄、機関、電気、砲、制御技術などの集大成であり、日本の重工業、機械工業の基盤づくりともなりました。

太平洋戦争前の国内工業を技術レベルで評価すると、まだ明治維新後70年ほどとあって、あらゆる点で未発達でした。工作機械もすべて輸入品で、欧米先進国からは相当に遅れていました。

軍隊でいえば、陸軍の兵器は非常にお粗末で、歩兵銃の大部分は第一次世界大戦で使用されていた三八式歩兵銃でした。戦車は対戦車の戦いを想定しない歩兵相手の榴弾砲で、砲弾の初速が遅く１００ｍの至近距離で発射しても相手の装甲を打ち破れませんでした。装甲板は薄く、溶接技術が未熟のためリベット留めで防御力も大幅に劣る、まるでブリキの戦車で、米ソの戦車と同等に戦える代物ではありませんでした。１９３９(昭和14)年にノモンハンで、日本陸軍最強とうたわれた関東軍戦車隊を含む部隊が、ソ連戦車隊に蹂躙され大敗を喫しましたが、陸軍は原因も究明せず、新型戦車を開発するわけでもなく、その後も精神主義にもとづく白兵突撃を繰り返し、多くの兵士が戦死しました。海軍は世界にひけをとらない大和や零戦を開発しているのですから、これは技術レベルの問題ではなく、兵器開発や作戦にあたる参謀の資質の問題でした。さ

図3-21　世界で初めて最初から空母として設計された「鳳翔」

らには、海軍と陸軍のあいだに確執があり、技術交流がなされていなかったという根深い問題もありました。

一方、進取の気性に富む海軍は、航空機時代の到来を世界に先駆けて予期していました。１９２２（大正11）年には空母「鳳翔」を完成させますが、これは世界で初めて設計段階から空母をつくる目的で建造された、本格的空母でした（図３－21）。さらには海軍航空隊まで設立し、ほとんどの国がまだ航空機の効能を軽視していたなかで、山本五十六は確信をもって飛行訓練を重ねていました。そもそもの海軍は、決して大艦巨砲主義ではなかったのです。

同じ１９２２年に、ワシントン軍縮条約によって、主力艦の建造保有規模が制限されました。これにより海軍は、制限をうけない軽巡洋艦以下の補助艦に活路を見いだす方針を打ち出しました。翌年に完成した「夕張」は、排水量２８９０ｔという小型艦に、14㎝砲６門、

図3-22　世界を驚かせた軽巡洋艦「夕張」

61㎝連装魚雷発射管2基を搭載し、なんと速力は35・5ノットと、5500t型巡洋艦と同等の戦闘能力を装備した画期的な軽巡洋艦でした(図3－22)。公開された夕張を見た各国の海軍関係者は、巡洋艦設計の概念を根本から覆す構想と、その工法に感嘆の声を上げ、大きな衝撃を受けました。夕張を設計した平賀譲の名は、これによって一躍、世界に知れわたることになりました。

夕張の手法は駆逐艦にも採り入れられ、新技術の半自動電気溶接も用いられて徹底的に軽量化し、基準排水量1680tにして大型駆逐艦並みの耐航性能を実現したのが、特型駆逐艦「綾波」でした。12・7㎝砲6門、61㎝酸素魚雷9射線という圧倒的な重武装と、38ノットの高速は、世界の駆逐艦を一気に旧式に追い込んだ歴史的な傑作といわれています。

また、綾波に搭載された酸素魚雷は、日本海軍が開発した期待の秘密兵器でした。通常の魚雷は圧縮空気と燃料を燃焼させるエンジンでプロペラを回して推進しますが、酸素魚雷は純酸素を燃焼させることで驚異的な航続距離、速度、破壊力を実現し、さらに排出されるガスが少なくなるため雷跡が見えにくくなり、敵に発見されにくいという世界最高の魚雷でした。その射程距離の長さは、撃沈された米軍が、まさかあの遠くの駆逐艦からの発射とは信じられなかったほどでした。当然、アウトレンジ戦法の切り札としても期待されましたが、大和と同様、艦隊決戦の舞台が少なかったため、活躍する機会はほとんど得られずじまいでした。

夕張などの新機軸の戦艦を設計し、こうした海軍の技術革新にも大きく貢献した造船中将の平賀は「造船の神様」とも呼ばれた伝説の設計者です。彼は条約による制限のもとで精魂込めて、小型でも1クラス上の巡洋艦と同じ性能や砲力をもたせようと特異な設計をして世界を驚愕させました。世界で初めて20cm砲を搭載した巡洋艦「古鷹」も平賀の設計でした。のちには東京帝国大学の総長もつとめた平賀を筆者も個人的に非常に尊敬しています。なお、『アルキメデスの大戦』には、平賀をモデルにしたと思われる平山造船中将が登場し、戦艦大和を設計して主人公の櫂と対立しますが、実際の平賀は大和の設計には指導や助言のみを与えていたようです。

しかし、これから述べようとしているのは、そのような「神様」にも過ちがあったという話です。

巡洋艦に入れられた縦隔壁

じつは日本海軍の巡洋艦と駆逐艦には、構造上きわめて大きな問題がありました。そして、その巡洋艦のほうの設計は、平賀によるものだったのです。なお、巡洋艦は戦艦より小さく速度がある中型艦で、大口径の砲をもつものが重巡洋艦です。駆逐艦はさらに小型で俊敏な艦です。

日本の巡洋艦における大問題は、内部構造に縦隔壁が入っていたことです。縦隔壁とは、船体の中心を縦方向に二分する隔壁です（図３－23）。平賀は巡洋艦の軽量化にあたり、縦に折り曲げる力に対する曲げ強度（縦強度）が不足することへの対策として、縦隔壁を設けました。しかし、これは非常に危険をともなう構造だったのです。

艦側に魚雷を受けて浸水した場合、縦隔壁があると水が艦の両側に流れず、片舷のみが浸水するので、横傾斜が大きくなります。船は片側の上甲板が水没すると、復原力が急速に消失し、横転沈没しやすくなるのです。また、横転には至らなくても、横傾斜すると砲が撃ちにくくなり、速度も低下するので敵に撃沈される危険が高くなります。

事実、日本の巡洋艦は魚雷で横転するケースが目立ちました。レイテ沖海戦では重巡洋艦の愛宕、摩耶が、潜水艦の魚雷攻撃を片舷に４本ずつ受けて横転沈没しました。これらは平賀設計に

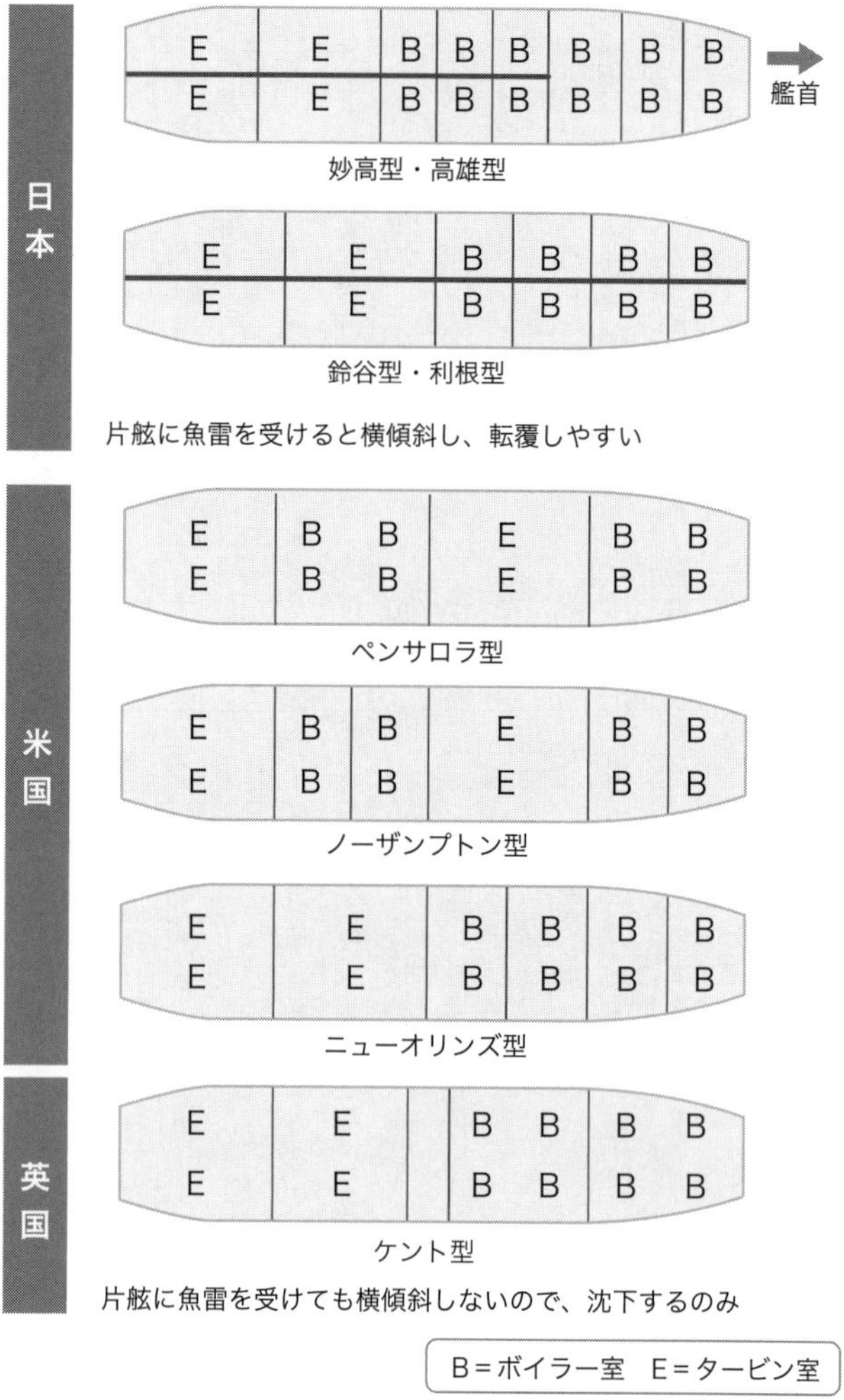

図3-23　日本の巡洋艦の縦隔壁
米英の巡洋艦には縦隔壁はない

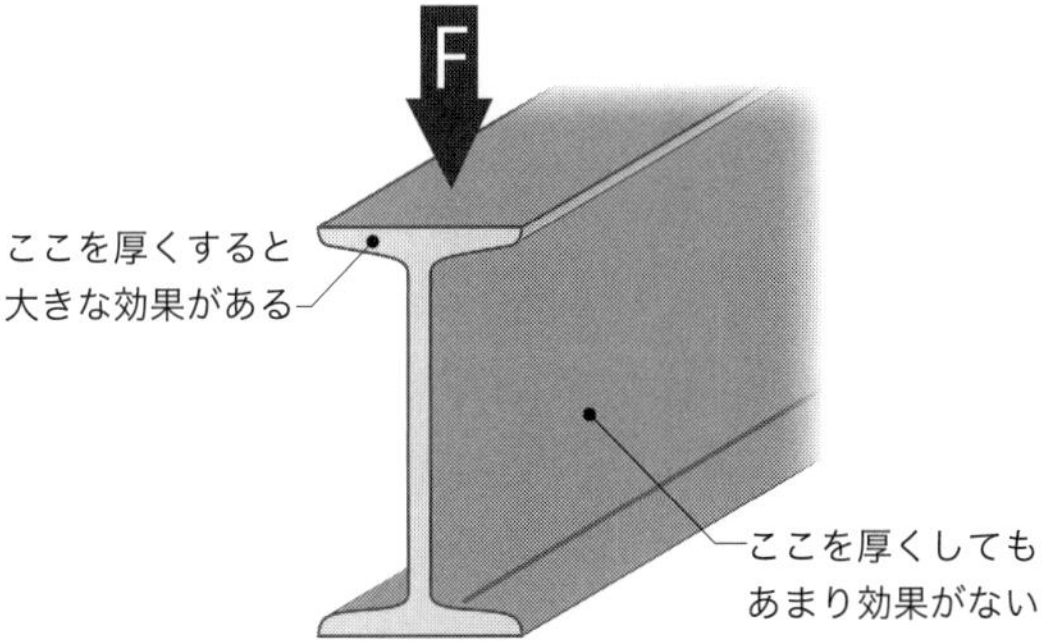
F
ここを厚くすると
大きな効果がある
ここを厚くしても
あまり効果がない

図3-24　I形鋼の強度
曲げ強度を強化するには、垂直方向より水平方向を厚くすべきである

ならって藤本喜久雄が設計したもので、やはり縦隔壁がありました。これがなければ、片舷に魚雷を受けても場所しだいで横転しなかった可能性は十分にありました。

「神様」の設計に対して畏れ多いことですが、縦隔壁を入れたのは大失敗でした。じつは船体の曲げ強度は、縦隔壁を入れてもたいして増加しないのです。土木建築の柱、梁、杭などに広く使われているI形鋼は、上下の水平部材と縦部材の組み合わせですが、曲げ強度を増やすには、縦方向の部材を厚くしてもほとんど効果がありません。しかし水平方向（横）の部材を厚くすれば、曲げ強度は非常に大きくなります（図３－24）。

したがって巡洋艦の曲げ強度を増やすには、縦隔壁を入れずに、甲板板と船底板を厚くすべきだったのです。

艦名（交戦相手）	被害爆弾数	被害魚雷数	結果
足柄（潜水艦）		右舷に4	右舷に横転、沈没
妙高（潜水艦）		左舷後部に1	防空砲台、処分
那智（航空機）	砲塔間に爆弾	缶室に直撃	航行不能、沈没
羽黒（海戦）		砲塔間と機械室に	航行不能、横転、沈没
利根（航空機）	爆弾4、砲弾1		防空砲台
筑摩（航空機）		中部に1	機械室浸水、自沈
最上（航空機）	砲塔と中央部に砲弾1、爆弾2		那智と衝突、魚雷で処分
三隈（航空機）	砲塔に直撃、右舷と左舷後部機械室も被弾		最上と衝突、魚雷誘爆、沈没
鈴谷（航空機）	右舷中部に至近弾	右舷中部に1	誘爆、沈没
熊野（航空機）	右舷甲板、砲塔左舷、飛行甲板左舷に計4	砲塔左舷と左舷に計5	急激に左舷に横転、沈没
古鷹（海戦）	被弾により航行不能		沈没
加古（潜水艦）		右舷艦首、中部、後部に計3	右舷に横転、転覆
青葉（潜水艦）	右舷前部機械室に1		呉に係留中、命中弾5、至近弾1で大破
衣笠（航空機）		被弾して舵が故障	左舷へ横転転覆
高雄（潜水艦）		魚雷2と英潜の磁気爆弾6	右舷砲塔爆発、浸水、航行不能
愛宕（潜水艦）		右舷前部1、中部2、後部1の計4	右舷に大傾斜し横転、沈没
鳥海（航空機）	被爆で航行不能、前部機械室に爆撃		航行不能、魚雷で処分
摩耶（潜水艦）		錨鎖庫、砲塔、缶室、機械室に計4、すべて左舷	わずか7分で左舷に横転、沈没

表3-2　沈没した日本の重巡洋艦と、沈没の原因
艦名が太字のものは縦隔壁が横転の要因になったと考えられる

縦隔壁を入れたことは、平賀の最大の設計ミスと思われます。縦隔壁がなかった米国の巡洋艦は、魚雷を受けても沈下はするものの横傾斜はせず、横転することはありませんでした。

表3－2に、太平洋戦争において沈没した日本の重巡洋艦と、その原因を示します。日本海軍は戦艦からの砲撃による沈没が最も多くなると想定していましたが、それは11％にすぎず、多くは航空機か潜水艦の魚雷攻撃による横転沈没であったことがわかります。

なお、まだ検討しきれていませんが、縦隔壁は空母にも入っていたので、同様の問題があったと思われます。制空権を失い、大和の活躍が封じられた要因の一つであった可能性があります。

駆逐艦の動力系配置

駆逐艦における大問題は、ボイラー室とタービン室の配置にありました（図3－25）。簡単にいえば、ボイラーは燃料を燃焼させて熱エネルギーをとりだす機関で、タービンは熱エネルギーを回転エネルギーに変えて動力を生みだす機関です。この2つが船の動力系で、いわば心臓部です。

日本の駆逐艦は、船尾側からタービン室が2室連続していて、そのあとボイラー室も2室連続していました。つまり、機能別に連続配置したのです。ところがこの配置では、機能が同じ2室の間を横に仕切る隔壁に魚雷攻撃を受けたときは、両側2室とも浸水し、その時点でボイラーあ

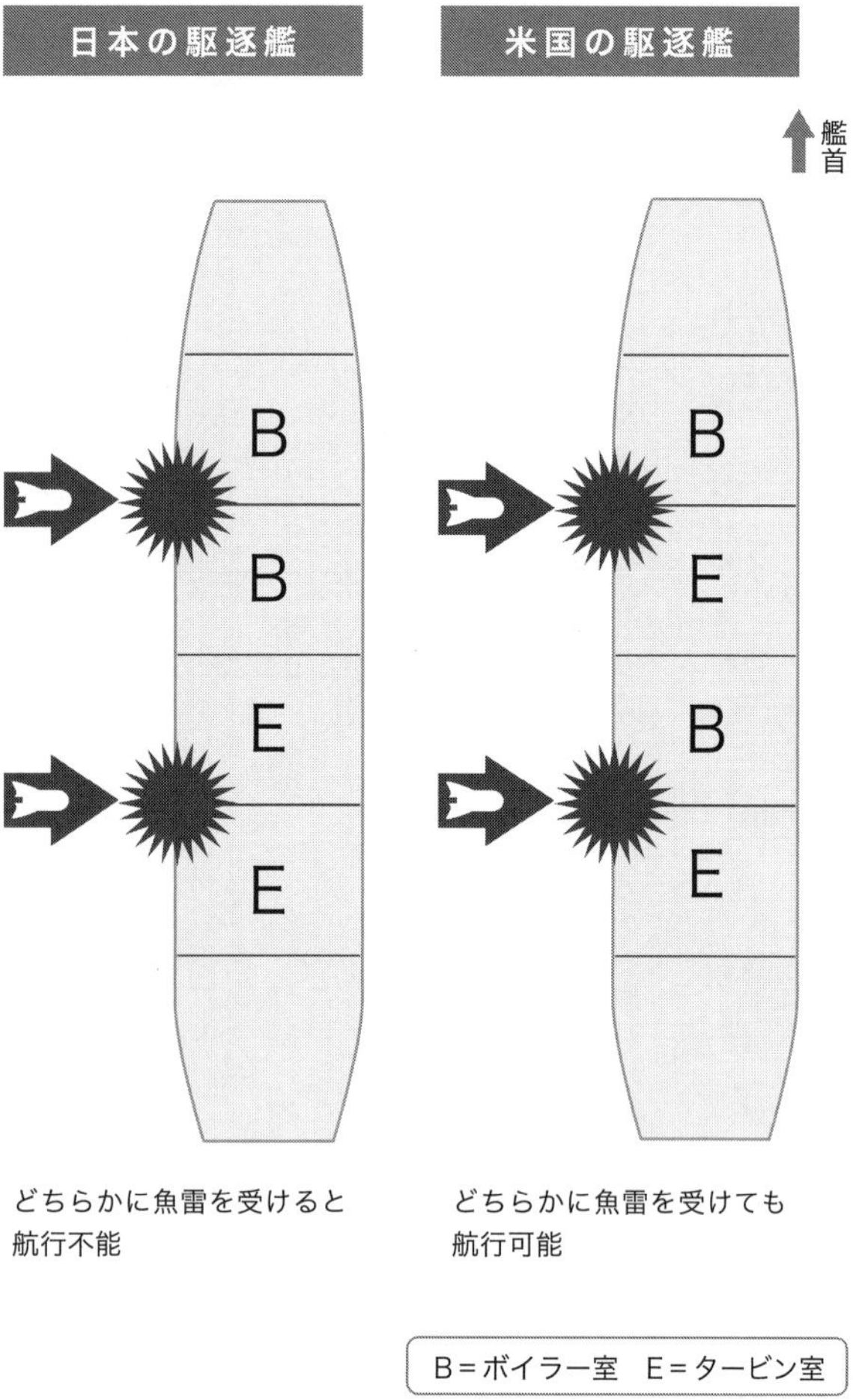

図3-25　日本の駆逐艦のボイラー室とタービン室の配置
日本は2室連続で配置したが、米駆逐艦では交互に配置されていた

るいはタービンの機能は完全に失われます。つまり動力系が停止し、艦は動けなくなってしまうのです。

これに対して、米国の駆逐艦は船尾側からタービン室、ボイラー室、タービン室、ボイラー室と交互に配置していたため、どこかの2室が浸水してもどこかは残るので、動力は低下するものの艦は動くことができたのです。もちろん、その差は生死を分けるものです。

日本の駆逐艦のほうが、艦の前後を通るプロペラ軸は短縮することができ、また、区画ごとに機能をまとめるほうが工事は容易でした。機能を互い違いにするとどうしても工事が煩雑になります。しかし、米国の設計思想はそもそも、損傷したときにいかに被害を小さく抑えるかというダメージコントロールを重視するものでした。

結果として、日本の駆逐艦や同じ設計の中型艦以下の船は、被害を受けたときの不沈性に大きな問題がありました。表３－３は、太平洋戦争における日本と米国のおもな沈没艦艇の数と内訳を示したものです。これを見ると、日本ではとくに駆逐艦の多さが際立っています。その反省から、戦争末期の１９４４（昭和19）年になって、米国のようにボイラー室とタービン室を交互に配置した丁型駆逐艦がつくられました。物資不足のためかなりの低予算に収められた二級品でしたが、航空機や潜水艦による攻撃への耐性はかなり高くなり、なかなか沈まず帰港できたと乗員には好評だったといいます。

主要艦種	日本	米国
戦艦	11	3*
空母	21	11**
重巡洋艦	18	7
軽巡洋艦	21	7
練習巡洋艦	2	
水上機母艦	4	3
潜水母艦	2	3
敷設艦	7	
1等駆逐艦	128	71
2等駆逐艦	6	12
潜水艦	132	52
計	352	156

* 真珠湾攻撃後、復旧した艦は含めず
** 護衛空母6隻を含む

表3-3　太平洋戦争における日本と米国のおもな沈没艦艇の数

このように、日本の巡洋艦と駆逐艦の欠陥は、致命的ともいえるものでした。パソコンがなかった当時、算盤や計算尺では、複雑な3次元曲面がからむ浸水や復原力の計算には膨大な時間がかかったと思われます。そのため、現在の目から見れば十分な検討ができていなかったということはあるでしょう。とはいえ、初期計画時には曲線部分は多角形近似で概算することも可能です。結局は、上の人間が決めたことには口出しできない軍の体質に問題があったのでしょう。そして、そのような問題を抱えている組織が、いまもなお日本には多いように思われてなりません。

運用の方法は「いくらでもあった」

繰り返しますが、当時の日本海軍の基本戦略はアウトレンジ戦法であり、あらかじめ敵の戦力を削っておいてから最後は大和を主体とする艦隊決戦を挑んで勝利するというものでした。将棋にたとえれば、強力でリーチが長い大駒の飛車は後方に控え、まずは銀将、桂馬、香車、歩兵といった小駒で攻撃してできるだけ有利な態勢をつくったのちに、最後に飛車でとどめを刺すという考え方です。

しかし、現実には、航空機と空母は戦争の前半で多くが失われただけでなく、巡洋艦や駆逐艦までが設計上の問題もあって次々に沈められました。もはや当初の戦略が成り立たなくなったことは、ある段階からは誰の目にも明らかだったはずです。

にもかかわらず軍の指導部は、〝虎の子〟の大和を無防備な状態で戦場に出して失うことをおそれ、後方に温存しつづけたのです。終戦直前まで残った大和が、最後は落とし前をつけるためだけとも思われる沖縄特攻に出撃し、沈没したのは無残というほかありません。

世界最大の大和は、ただの飛車ではなかったはずです。飛車がさらに強力になった盤上最強の駒、竜王こそたとえるにふさわしいでしょう。これを使いきれず、むざむざと後方に置きつづけて遊び駒にしてしまったことが、海軍の大きな罪だったのです。

第1章で紹介したランチェスターの法則にのっとれば、日本が米国を相手に戦う場合は第一法則、すなわち「弱者の戦略」があてはまります。そこでは数の勝負をしてはならず、武器効率（性能）を上げるか、奇襲作戦を用いることで数的不利を覆すべきであるとされています。鎌倉武士団は集団騎馬戦術によって武器効率を上げることで蒙古軍を打ち破りました。そう考えると、日本軍はせっかくの世界最強の駒をフルに活用する以外に勝機はなかったといえるでしょう。

八方ふさがりのような当時の状況で、大和の有効な活用策を見いだすことは簡単でなかったことはたしかでしょう。しかし、第2章で見たように、船を使った機動と、兵は動きながら調達するという発想の飛躍で、秀吉は運命を切り開きました。彼に大和をまかせれば、あるいは画期的な運用法を着想しえたのではないかと、つい想像してしまうのです。

前出の平間洋一氏は、大和には実際の戦闘での「戦術的」な運用だけでなく、日米戦争の帰趨を変えてしまう「戦略的」な活用法もありえたのではないかと述べています。

その一つは「抑止力」としての大和の活用です。そもそも米海軍は日米開戦の１ヵ月前、ハル国務長官らの対日強硬派に、可能なかぎり対日戦争の勃発を遅らせるよう申し入れ、ルーズベルト大統領には「対日戦争を企図してはならぬ」と意見していたそうです。練度の高い日本海軍には勝てないと考えていたわけです。そこで日本としては、極秘にしていた大和の存在をあえて公表し、その力を背景に米国と交渉すれば、開戦せずに有利な条件を引きだせたのではないかというのです。たしかに46㎝主砲が本当に実在し、自分たちに向けられると知らされれば、米軍の恐怖感は並大抵のものではないでしょう。

二つ目に、開戦を回避できなかった場合は、真珠湾攻撃はせず、大和の完成を待って、当初の対米戦略どおり艦隊決戦を指向すべきだったといいます。日本が奇襲攻撃をせず南洋に進出していれば、米国も当初の対日戦略にもとづき、守りに徹するのではなく全力で艦隊決戦を挑んでくると思われる。その場合、当時の日米の航空戦力比は、太平洋正面では空母で10対3、航空機で2対1と日本が優勢であり、しかも米太平洋艦隊のキンメル長官は戦艦第一主義者で、航空機搭乗員を「Ｆｌｙ Ｂｏｙ」（蠅少年）と軽視していたほどで航空部隊に対する備えは甘いと見ていい。艦砲射撃においても日本海軍の命中率は米国の3倍はあったので、艦隊決戦に日本が勝利したことは疑いようがない、というのです。

さらに三つ目の活用法として、大和以下の主力艦隊をインド洋へ投入して、英国の通商船を攻撃する作戦も考えられたといいます。アジア、アフリカとヨーロッパを結ぶインド洋は英国にとって補給の大動脈でした。これを断ち切って制海権を握れば英国は窮地に陥り、北アフリカ戦線でもドイツのロンメル将軍の進撃を阻止することができなくなる。ロンメル将軍は中東の石油を確保し、さらにスエズ運河を通じて日独の連絡も達成され、日本にも中東の石油が送られることになる、という構図です。

このように、大和の有効な運用はいくらでも考えられ、個々の海戦のみならず、第二次世界大戦の様相をも劇的に変えてしまうほどの力を大和はもっていたと平間氏は指摘しています。

日本の海軍で、こうした柔軟な発想にもとづく議論がなされなかったのかどうかはわかりません。しかし、少なくとも結果だけを見れば、46cm砲の長い射程を頼み、そこから出ていかない戦略に固執した海軍は、あまりにも退嬰的でした。櫂直が言い放ったように、巨大なものをつくってそれにすがろうとしていたのかもしれません。

戦艦大和の二つの貢献

しかし、大和は日本に対して大きな貢献を、少なくとも二つはしていました。最後はその話で締めくくりたいと思います。

一つは、日本の重工業や機械工業の基盤づくりです。前にも少し述べましたが、造船業はあらゆる製造業が集約した総合産業です。鉄の加工から、溶接、組み立て、精密機械、エンジン、装備品、電気、制御などで、このため、造船業が発達することは、ほかのさまざまな産業にも波及効果がきわめて大きいのです。

船体の建造には、これも前述したブロック工法が編み出されました。戦後日本の造船が隆盛になったのは、大型ドックとブロック工法のおかげでした。

また、大和の巨大な測距儀は、レンズから機械式計算機を使って距離計測し、データを射撃盤に送るものです。その技術が生かされて、戦後になってカメラ産業が盛んになり、長野県の諏訪地方を拠点として、ニコンやキヤノンが成長して精密機器産業の発展に貢献しました。

そして大砲は、特殊な高強度の金属材料ですから、その財産が生かされて戦後の鉄鋼業が発展し、普通鋼の大量生産のみならず、特殊鋼もお手のものの高い技術力が培われました。船や砲は精密な制御が必要でしたが、とくに大和に求められた高い精度の技術が、戦後の電機産業、機械産業の発展を促しました。

大和をつくったことが、造船だけでなく、これだけ多岐にわたる産業の発展に大きく寄与しました。零戦でも、その開発過程で、急降下時に翼が細かく振動し、破壊されるフラッター現象を解明したことが、新幹線の高速運転中に後部が横振動を生じる問題の解決につながったように、軍事技術の高さは戦後、至るところで活用されています。

そしていうまでもなく、戦後日本の奇跡的な高度経済成長は、そうした技術に支えられて実現したのです。

もう一つは、次のような貢献です。

日本は巨大戦艦の存在を、米英には極秘にしていました。そのためには、敵を欺くにはまず味方というわけで、日本国民にも戦艦大和や武蔵のことは知らされていませんでした。ほとんどの日本人は、太平洋戦争のあいだ、日本でいちばん大きな戦艦は長門だと思っていたのです。

日本に大和という戦艦があったことが広く知られるようになったきっかけは、大和の沖縄特攻に副電測士として参加し、奇跡的に一命をとりとめた吉田満が、大和の沈没までを克明に綴った『戦艦大和ノ最期』が、1952年に刊行されたことでした。同書は翌年、『戦艦大和』として映画化されました。大和の存在を初めて知った日本人は、この国が、そのようなすごい戦艦をつくっていたということに大きな衝撃を受けました。そして、明治維新からたった70年余りでそこまでやれる自分たちの力に、はかりしれない自信をもちました。その自信は技術や産業にとどまらず、精神的にも日本人を支える大きな柱となったのです。

日本史サイエンス　戦艦大和

一、戦艦大和はアウトレンジ作戦の切り札として温存されているうちに、戦局が悪化して大和を護衛すべき空母と航空機のほとんどが失われた。

一、大和とともに艦隊を構成すべき巡洋艦や駆逐艦が設計ミスにより多数沈められ、「裸の戦艦」となったことで活躍のしようがなくなってしまった。

一、大和を戦争初期に効果的に運用する方法はいくつも考えられた。

一、戦後は日本のものづくりの基盤となり、大和の存在を知った日本人の精神的支柱ともなった。

終章

歴史は繰り返される

すでにみなさんもお気づきかと思いますが、ここで検証した3つのテーマは、どれも「船」に関係しています。体系的に歴史を研究しているわけでもない筆者が、自分の関心の赴くままにとりあげましたので、結果的にそうなったわけです。しかし、それ以上に何か意味があったわけではなく、筆者自身も「蒙古」「秀吉」「大和」に特段の関連性はないと思っていました。

ところがいま、素人なりのつたない歴史検証を終えてみると、この3つのテーマには、通底するより大きなテーマが隠れているのが見えてきたような気がしています。それは何なのかを探りあててみたいと思いますので、もう少しだけおつきあいいただけましたら幸いです。

巨大な数字のリアリティ

まず、さまざまなトピックについて本当のところどうなのか、具体的にいろいろと計算して数字を積み上げていく作業を続けてみた結果、何よりも感じたのは、歴史を動かすような大仕事では、とてつもない数の人やものが動くということです。

とくに第2章で検証した秀吉の大返しで、それは痛感しました。万単位の軍が移動すると、食料や物資、その搬送手段などの一つ一つが、天文学的ともいえる数字に膨れ上がっていきます。私たちは、たとえば関ヶ原の戦いでは東軍9万、西軍8万の兵が激突した（諸説あります）、といったことを知識としては知っていますが、本当にそんなことが可能だったのかと、すべての通史が疑わしくさえ思えてきました。そして、それらが事実であるならば、その実現のために傾けられた労力の巨大さに、思いを馳せずにはいられなくなりました。

第1章の蒙古襲来においてもそうです。蒙古軍が300隻もの大船団を狭い博多湾につなぐだけでも、船のことを知っている筆者からみれば大変な仕事です。曲がりなりにも実現しただけでも、よくぞできたものとほめてしまいたくなるくらいです。戦争というものはつくづく、巨大なエネルギーが必要なものなのだということもあらためて感じました。

本書で読者のみなさんに感じていただきたかったことも、一つはそこにあります。教科書にはたった1行しか記されていないことにも、「重さ」はあるということです。具体的な物理量を知ることで、重さは実感されてきます。そして筆者は、そうしたリアリティを感じながら歴史を知ることが非常に大事なのではないかと思うのです。

目を曇らせる「奇跡」「伝説」

そもそも筆者が歴史に関心をもったのは、蒙古襲来について、船の専門家からみればとてもじゃないがありえないと思われる通説がまかり通っているのを知ってからでした。ある朝、900隻もの大船団が押し寄せたかと思うと、すぐさま全軍が上陸して、鎌倉武士団をさんざんに打ち破った、にもかかわらず突然、謎の撤退をして日本は救われた——そんなことがありえるだろうか？　という疑問からです。

自分なりに検証してみた結果は、第1章で述べたとおりです。そして、このような「通説」をつくりだした根源は『八幡愚童訓』の恣意的な記述にあることを知りました。しかも、科学的な知識のない中世の人ならいざ知らず、近現代に入ってからも、謎の撤退の理由をありもしない台風説や、およそ合理的とは思えない威力偵察説に求めてきたのです。そこには、物理的なリアリティをもって歴史をみるという視点が決定的に欠けていると感じました。だから「いざとなったら神風が吹く」などという迷信が、この国ではなかば本気でついこのあいだまで信じられてきたのだと思えてきました。そのために、無用の血が流された可能性があることを考えると、ことは重大だと思えてきたのです。

秀吉の大返しにも同じことがいえます。最近でこそテレビ番組で実験が行われるなど、本当に可能だったかに注目が集まっていますが、歴史研究を専門とする人たちのあいだでも活発な議論がなされているようには感じられません。本書で提唱した秀吉の海路利用や、側近だけをともなって引き返したという考えは採用できないとしても、明智光秀のクーデターについての事前予測や、入念な準備がなくても本当に可能だったのか、物理的諸条件をベースにした議論がもっとあっていいのではないでしょうか。そもそも秀吉には、日吉大権現の申し子であるとする日輪受胎説や有名な墨俣一夜城など、情報の重要性を知っていた彼ならではと思われる伝説がつきまとっているのですから。

蒙古の撤退にしても秀吉の大返しにしても、歴史の謎とされているものは、「奇跡」とか「伝説」といった文言を纏っていることが多いようです。それが後世の人間の目までも曇らせているのかもしれません。歴史の研究の本道が文献の発掘や精査であることはもちろん承知していますが、人間が行う解釈という作業にはどうしても先入観を排除しきれないところがあります。物理や数学の観点も採りいれた研究によって、日本史の未解決問題の謎解きが進むことを願わずにいられません。

大和の運用に欠けていたリアリティ

しかし、鎌倉武士も、秀吉も、当事者たちは自身がおかれた状況をリアルに認識していました。鎌倉武士はなんとしても国を守るため、武士の身上どおり「一所懸命」に、命がけの集団騎馬突撃で戦いました。秀吉にしても、天下を取ろうという一念から、なりふりかまわず野心を露わにし、リスクを冒して機動作戦を敢行しています。ちなみに筆者は、秀吉が本能寺の黒幕であるなどと主張したいわけではなく、この検証によって秀吉に飛躍的な発想があったことを確信し、その人物像に強く惹かれています。

彼ら自身はけっして奇跡や伝説を頼んだわけではなく、リアルな現状認識にもとづいて、難局を打開するため目的に向かってもてる力を集中させたのです。

ところが、これらの例とは様相を異にしているのが、第3章で検証した戦艦大和です。難局ということでは、米国と戦うのは鎌倉武士や秀吉以上の困難でした。それが敗因と言ってしまえば身も蓋もないのですが、そうであったとしても、当時の軍人たちには「一所懸命」さが足りなかったように思われるのです。

力は作用するポイントを集中させるほど強く働き、そこに加速度が加われば威力は2乗になります。これは物理学の自明の理であり、とくに戦力で劣る側は目的に力を集中させなければ勝機は生まれません。「一所懸命」という言葉はこのような目的への集中という考えをよく表しています。しかし、太平洋戦争での日本軍の戦い方はどうでしょうか。国家予算の3％もの投資をして建造した世界最大の46cm主砲は、当時の日本にとっては間違いなく、最も頼りとすべき巨大戦力でした。大和の力が最大限に発揮されるような作戦こそが、大和をつくったからには求められていたはずです。

当初の狙いのアウトレンジ作戦は理にかなってはいましたが、ミッドウェーの大敗によって航空部隊は崩壊し、米軍はレーダーと電子信管による迎撃態勢を確立、さらに巡洋艦・駆逐艦が設計ミスによって相次いで沈没し、艦隊として機能しなくなった状況では、もはや絵に描いた餅でした。にもかかわらず、大和は無為に時を過ごしてしまったわけです。

さまざまな理由はあったのかもしれませんが、目的への集中とはかけ離れた戦い方であったことは否めません。なぜそうなったのか、さまざまな資料を見るかぎりでは、指導部の人間たちに、目的意識が欠けていたと思わざるをえません。つまり、戦争の勝利を第一義と考えてそこに集中するのではなく、えてして所属する組織の利益や、自分自身の面子など、二の次、三の次ともいうべき要素にとらわれた判断が目立っていたように思うのです。

日本の軍人がそうなってしまったのは、第3章でも述べたように、日露戦争以降だったのではないかと思います。奇跡を起こしたことで自分たちの力を過信し、みずからが「神」になってしまったのです。秀吉が「神の子」と称したのは自身の権威づけという目的のためであって、自分自身がそう思っていたわけではないはずです。しかし、日露戦争以降の軍人たちは、極端にいえば自分たちを神と信じ込み、いざとなれば神風が吹くはずだという〝神頼み〟の発想にとらわれてしまいました。さらには、軍そのものが官僚化して、たとえば陸軍では陸軍大学校を出た成績優秀な者が評価されるようになったことも影響していると思われます。

結局、そのようにして軍人から「一所懸命さ」とリアリティが失われていったのです。たとえば、よくいわれる兵站の軽視も、リアリティの欠如からくる発想ではないでしょうか。

ものづくりが起こした奇跡

ここで、もう一度、「蒙古」「秀吉」「大和」という3つのお題を見てみると、いずれも国難の時期にあたっていることにも気づきます。1274年の蒙古襲来は言うまでもありませんが、それからほぼ300年後の秀吉の時代、つまり戦国時代から安土桃山時代にかけては、世界では大航海時代と呼ばれ、スペインやポルトガルなどの西欧の強国が覇を競っていた時期でした。スペインは1532年にインカ帝国を滅ぼし、1565年にフィリピンを植民地にしました。オランダも1602年にインドネシアを植民地にしています。マルコ・ポーロに「黄金の国ジパング」と紹介されて注目されていた日本も、じつは植民地にされる危機にさらされていたとみられます。

こうしたなかで、1543年、九州の種子島に漂着したポルトガル船から、鉄砲が日本人に伝えられました。インカ帝国滅亡から11年後のことでした。すると、日本人はその有用性に気づき、すぐに刀鍛冶によって鉄砲が複製されました。なんと10年もすると、日本中に大量の鉄砲が普及していました。これを見てポルトガルやスペインは驚き、日本はアジアのほかの国々のように簡単には侵略できない、と考え方をあらためたようです。植民地となる危機を、ものづくりの技術が救ったのです。

さかのぼれば、蒙古襲来のときに元軍や高麗軍をとくに恐怖させたのも、第1章で述べたように世界でも稀な威力をもつ日本刀でした。軟鉄と硬鉄を組み合わせる高度な鍛鉄技術はその後の日本のものづくりの基本となり、鉄砲の複製もその延長にあるものだったのです。

そして秀吉の時代から300年後、今度は米国からペリー提督がやってきて開国を迫り、日本はみたび国難を迎えました。しかしこのとき、日本人は黒船に驚愕しましたが、じつはペリーのほうも、日本人を見て驚いていたそうです。

その理由の一つは、彼がそれまでに訪れた東南アジア諸国では、女性は男性の従属物のように扱われていたのに、日本では、武士の妻は毅然としていて教養があったからでした。教育水準が高く礼節を尊ぶ日本人に好感をもったペリーはまた、漆の蒔絵の硯箱を見て、蓋と本体のあいだに空気さえ入らない精密性や巧緻性、芸術品としての美しさに感心し、それを職人が粗末な道具で製作するのを見てまた驚きました。そして、日本は幕府の排外政策さえなければ、将来、ものづくりにおいて米国の強力な競争相手になるだろうと『日本遠征記』に記しています。

3度目の国難も、多くの志ある若者たちの命と引き換えに明治維新をなしとげて切り抜け、さらに日露戦争に勝利して列強の仲間入りを果たした日本が、みごとにペリーの予言を的中させたのが戦艦大和だったといえるでしょう。大和こそは、日本刀から連綿と続く日本人のものづくり技術の総結集であり、まさに日本人が起こしてみせた奇跡だったのです。

しかし、4度目の国難に際して日本人は、この奇跡を味方につけることができませんでした。それどころか、あろうことか自分たちがこしらえた「神」への捧げものであるかのように、大和を沖縄に特攻させてしまったのです。

戦後、よく言われるようになった、戦艦大和は「大艦巨砲主義の遺物」であったという見方は、誰も傷つけず、ただ大和をつくったことが悪かったのだ、と言っているようにも思われます。しかし、それでは意味のある教訓にはならないと思います。日本人のものづくりの力が起こしてみせた奇跡をなぜ日本の指導者たちは使いこなせなかったのか、本当に検証すべき点は、そこにあるのではないでしょうか。

歴史は繰り返されている

リアリティの欠如、目的のために最適化されない手段という問題は、大和の没後75年がたった現在の日本でも、なお解決していないと思われます。

新型コロナウイルスへの政府の対応の、論理的一貫性のなさは、まさにそのあらわれです。いま本当に打つべき対策は何かを考えることに力が集中されていないと、最も避けるべき兵力の逐次投入のように、感染制御も経済対策も効果があがらないことになります。さらに、省庁のあいだの風通しの悪さ、いわゆる縦割り行政は、かつての陸軍と海軍もこうだったのかと思わされることがあります。

近年は豪雨による河川氾濫が大きな災害となっていますが、気象庁が河川流量予測によって、警戒レベルを大幅に上回る「100年に1度」の水位上昇と警告を発しても、国土交通省を中心として発表される指定河川洪水予報に反映されずに終わるという事態が相次いでいるそうです。「100年に1度」の予測は2020年7月、熊本県内で60人以上が死亡した球磨川や、筑後川、最上川で、いずれも実際にその基準に達するより遅くとも4時間前には出されたようですが、結果として生かされなかったわけです。

これについて、洪水予報を出す側の国土交通省は、気象庁の雨量予測をもとに実際の水位を踏まえて「精度の高い予報」を出していると説明しているようですが、このことを報じた産経新聞（2020年8月23日付）は、河川現場は昔ながらの体質で、技術は進歩しているのに予測情報への不信感が根強いという趣旨の防災専門家の話を載せています。せっかくの「予測」が生かされない「予報」とは、いったい何のためにあるのか、と思ってしまいます。

もう一例あげると、船の設計では、非常用発電機とバッテリー、そして無線室は、最上階の操舵室近くか、せいぜいその1段下までに配置するよう義務づけられています。遭難しても沈没するぎりぎりまで無線を打ち、救助の連絡をしてから、最後に逃げられるようにするためです。

原子力発電所にも、非常用発電機があります。ところが2011年の福島第一原発事故では、非常用発電機を地下に置く米国式の設計だったため、津波でやられて注水ポンプが動かなくなったことがメルトダウンの原因でした。津波がないアメリカの仕様を、そのまま問題意識なく使ったことが大事故につながったのです。やはり、大きな何かが抜けている——歴史が繰り返されていると思わざるをえません。

また、これは筆者自身の経験ですが、特装車のメーカーであるコーワテック社が日本で初めて水陸両用バスを製造したときに、その船の部分の設計を担当することになりました。ところが、所轄の海運局にお伺いを立てにいったところ、思わぬ難癖をつけられました。動力については、陸上を走る車のほうのエンジンがついていて、当然、船の側もそこから動力を取り出し、プロペラを回すつもりでした。米国から輸入した水陸バスもそうなっています。しかし対応した役人は、水上を走るための認可を取ったエンジンも載せないと許可しないと言うのです。水陸両用バスでは水上航走の時間は短く、そのためだけに多大な時間と労力をかけたくはないので、なんとか認可してほしいと言ってもまったく聞く耳をもってくれません。にもかかわらず、アメリカからの輸入車は、水上用エンジンの認可を取っていないのに許可するのです。最後はやむなく折れて、この水陸両用バスは陸上用と海上用の2台のエンジンを積載した、世界でも珍しい代物になってしまいました。これなども、せっかく日本で新しい試みが始まろうとしているのに、目的に最適化されない行政のために力が集中されない例といえるでしょう。

日本人が陥りがちな、枝葉のことにとらわれて全体を見失う、つまり目的と手段とが乖離してしまうという問題を克服するためには、本書で試みたように数字を手がかりに、リアルな感触を大切にしながら歴史を見なおすことは思考のレッスンとしても有効な気がしています。

大和は2度沈むのか

最後に、日本の最大の強みが失われつつあるという話をしておきたいと思います。

いま、世界の国々は科学教育に真剣に取り組みはじめています。米国では、日本を意識して国家プロジェクトとして理数科教育に注力していて、英国でも数学教育が重視され、中国では「科教興国」（科学技術と教育によって国を興す）が宣言されました。韓国、台湾、シンガポール、インドでも理科教育重視を打ち出し、IT先進国をめざすことが国民的目標となってきています。

この間、日本は何をしていたでしょうか。なんと、理科教育の時間を大幅に減らしてきたのです。高校理科の履修率の変化を見ると、衝撃的です。文部科学省は50年ほど前から、高校理科の授業時間を減らしはじめました。それから約20年後に3分の1に減り、約25年後には7分の1にまで減少してしまったのです。このことは、これからの日本のものづくりに、ボディーブローのように効いてくると思われます。

すでに現在、日本の技術系の大学生の数は、中国よりも一桁少なくなっています。今後のことを考えれば、ものづくりに関してはもはや絶望的な差がついたと言わざるをえません。

ノーベル賞受賞者も日本は70歳以上の高齢者ばかりで、それも30～40年前の研究成果が認められたものがほとんどですから、このままでは日本人のノーベル賞受賞者がいなくなると懸念されていますが、ものづくりの世界の状況も、きわめて深刻なのです。

日本刀から大和へと、脈々と流れるものづくりの伝統が、この国の最大の武器であることはみてきたとおりです。これをむざむざと失うことは、戦艦大和を無為に沈めてしまったのと同じ過ちをもう一度繰り返すことといえます。なんとか復元するために、教育の問題だけはリアリティのない人間にまかせておくべきではないと思います。

長年、船の基本計画を生業とし、趣味も艦艇と古船という船オタクが、船への興味から蒙古襲来について調べた成果をある海洋開発関係者の集まりで発表してみたら、意外なことに技術者の方々にかなり面白がっていただきました。その一人が、海洋研究開発機構（ＪＡＭＳＴＥＣ）などで活躍された深海研究の大御所、門馬大和さんでした（お名前が大和！）。門馬さんは、この話はぜひ本にすべきだと出版を勧めてくださり、人を介してブルーバックス編集部の山岸さんにつないでいただきました。

その後、今度は映画『アルキメデスの大戦』で製図監修をつとめるという、またも不思議なご縁がありました。主演の菅田将暉さんは船の図面の描き方も難しい数式も、みごとに暗記してみせるので驚きました。聞けば、高校から映画界に入ったのであまり勉強はしていないが、数学は得意でいつも満点、俳優でなかったら数学の先生になりたかったとのこと。人に対する心配りができるすばらしい若者で、すっかりファンになりました。

「大和づくし」だったこの1年余りの出会いと、執筆のきっかけとなった発表の実現にご尽力いただいた元三井造船の門元之郎さんと元JAMSTECの高川真一さん、そして本書の内容に助言してくれた息子の播田仁さんにも感謝します。

2020年8月

播田安弘

参考文献

『本土防衛史「元寇」』第四師団長陸将　竹下正彦（陸上自衛隊福岡駐屯地修親会1963年）
『博多湾頭攻防絵巻　元寇物語』田中政喜（青雲書房1970年）
『蒙古襲来―その軍事的研究』太田広毅（錦正社1996年）
『モンゴル帝国の興亡（下）』杉山正明（講談社現代新書1996年）
『蒙古襲来と北条氏の戦略　日本国存亡の危機』（Seibido mook 成美堂出版2000年）
『蒙古襲来絵詞と竹崎季長の研究』佐藤鉄太郎（錦正社2005年）
『歴史群像　蒙古襲来』中西豪（学研パブリッシング2914年）
『蒙古襲来』服部英雄（山川出版社2014年）
『モンゴル襲来と国土防衛戦』北岡正敏（叢分社2015年）
『日本木船図集』橋本徳壽編（海文堂1956年）
『船』須藤利一編（法政大学出版局1968年）
『日本の船　和船編』安達裕之（船の科学館1998年）
『歴史の海を走る』山形欣哉（農山漁村文化協会2004年）
『図説　船の歴史』庄司邦昭（河出書房2010年）
Goryeo Dynasty（918–1392）,ship wrecks in Korea Randall SasakI

『琉球進貢船の琉球〜中国間航行状況の推定』（日本船舶海洋工学会講演論文集　河邉寛２００７年）
『檜垣廻船「浪華丸」帆走実験報告書』（日本財団電子図書館１９９９年）
『九州北岸福岡湾海図』（明治37年海上保安庁海洋情報資料館）
『櫓の推進力に関する水槽実験』（第48回東京商船大学学術講演会論文　三田重雄・泉智笑子・庄司邦昭）
『江戸和船に関する研究』（東海大学船舶海洋工学２００１年度課題論文発表会　下村慶行・川越俊基・斎田知之）
WARSHIPS OF THE WORLD GULUPPINI TAMES BOOKS
『造船設計便覧（第四版）』関西造船協会（海文堂１９８３年）
公益財団法人みちのく北方漁船博物館財団（ジャンク船図面一式を好意で受領）
佐渡博物館（北前型弁財船白山丸図面資料一式を好意で受領）
『進化する戦国史』渡邊大門（洋泉社２０１６年）
『気象で見直す日本史の合戦』松嶋憲昭（洋泉社２０１８年）
『絵図解　よくわかる戦国時代』小和田哲男（新人物往来社２０１０年）
『戦国の合戦と武将の絵辞典』高橋伸幸著／小和田哲男監修（成美堂出版２０１７年）

『戦国合戦　通説を覆す』工藤健策（草思社２０１５年）
『岡山地名事典』巌津政右衛門（日本文教出版１９７４年）
『武器・兵器でわかる太平洋戦争―科学技術の粋を集めた日米の兵器開発戦争』太平洋戦争研究会（日本文芸社２００３年）
『アルキメデスの大戦』三田紀房（講談社ヤンマガKCスペシャル２０１６年）
『数字で見る日本の１００年』矢野恒太記念会編（２０１３年）
『歴史旅人Vol.４　戦艦大和完全ガイド』（晋遊舎ムック２０１９年）
『日本の軍艦―わが造艦技術の発達と艦艇の変遷』福井静夫（出版協同社１９９３年）
「WAR SHIPS OF THE WORLD」
『戦艦大和データ99の謎』渡部真一（二見書房２００５年）
『日本海軍艦艇図面集』日本造船学会編（原書房１９７５年）

さくいん

ブルーバックス
BLUE BACKS